Prescriptions for
Expansion into
Developing
Countries

Medical, Mental Health,
and Infection Measures
for Expatriates

関西福祉大学教授
勝田吉彰

医療、メンタルヘルス・
感染症対策

「途上国」
進出の
処方箋

まえがき

　「最後のフロンティア」という言葉を、平成のなかば頃から、しばしばメディアで目にするようになりました。これまでだれも進出していない前途洋々の場所、開拓者として大きな利益を手にできる場所を意味する「最後のフロンティア」は、「ラストフロンティア」「ラスフロ」などとも表現され、そこには宝石を積んだ船が埋まっているかのイメージさえもありますが、その宝船を見つけに行ったら、幸せは保証されているのでしょうか。そこはミャンマー、カンボジア、ラオスといったアジア後発国であったり、アフリカの一部だったりしますが、共通するのは、当初は日本企業の進出がきわめて少ないものの、経済成長が進み、将来は日本人ビジネスパーソンやその家族が多く住むようになるであろうことが期待される地域や国であるという点です。発展が進むなかで、現地では何がおこるのでしょうか。

　筆者は、スーダン、フランス、セネガル、中国において、外務省医務官として通算、12年間の海外生活を送りました。日本人が40人しか住んでいない国もあれば、数千人や数万人が暮らしている国もありましたが、現地では日本人社会と向き合い、ときに泣き笑いを共有しながら、人々の暮らしや経済の動きを目の当たりにしてきました。発展段階も実にさまざまで、国によって日本人社会の様子も異なります。経済的発展が夜明け前の段階で日本人も僅少な環境から、先進国に追いつこうとしている「最後のフロンティア」と囃される国、あるいは、その段階を卒業しつつある発展のめざましい国では、年を追うごとに大きな変化が見られます。そうした国に人材を送り出す企業は何を支援すべきなのか。これまで企業進出がほとんどなかった国へ版図を広げてゆくにあたっては、現地で周りにいる人々や日本の派遣元とのつ

ながり、行動の仕方にとどまらず、ストレス要因とその対処法など、さまざまなノウハウが求められます。

　外務省を退官して大学に職を得てからは、研究者の目でこれらを明らかにしようと考えました。ちょうどその頃、軍事政権を卒業したばかりのミャンマーが、世界中の脚光を浴びはじめていました。人権抑圧や経済制裁といった「不自然な重し」がとれたばかりのミャンマーは、まさに飛躍に向かいはじめた段階で、「変化率の大きさ」は知見の宝庫でもありました。ぐんぐん変化してゆく国に定期的に通って定点観測し、さらに外務省医務官として発展途上国の生活者を支えてきた筆者の経験ともあわせて、海外進出企業や事業体に情報提供すること、それこそが、研究者としての使命ではないか。そんな考えから、執筆を進めてきました。

　変化しつつある発展途上国の現場でおきていることを明らかにして産業界に情報を提供するという上記コンセプトは評価をいただき、国の競争的資金（科学研究費）が認められました。その成果を学会発表や論文といった形で専門業界内で発信していくだけでなく、企業関係者に直接届けられれば、これから新たな進出先へと向かう、みなさまの成功のあと押しとなるのではないか。そうできることを願ってやみません。

2019年10月
勝田吉彰

目　次

第4章　日常生活でのリスク ……………………………………… 139

第5章　本社のフォローと外国人雇用 ……………………… 155

コラム

あとがき

表紙カバーデザイン——竹内雄二

第 1 章

「最後のフロンティア」では
何がおこるのか

2003年から06年まで外務省医務官として北京に赴任していた筆者は毎年、日本人学校の運動会で救護所ボランティアとしてテントにいるのを常としていましたが、04年と05年は生徒数がそれぞれ前年比で２割ほど増え、グラウンドの光景が一変しました。鄧小平主席が舵を切った経済発展にわく当時の中国に、日本企業はなびいていったのです。生徒数の急増は、海外進出の「トレンド」を実感した光景として印象強く覚えています。

　中国への当初の進出先は上海などの沿岸部でしたが、次第に内陸部へ拡大し、零細企業が生き残りをかけて四川省や重慶で活動する光景が増えはじめました。しかしその後、中国における人件費高騰と政治的問題もあり、チャイナ・プラス・ワンの動きが著しくなり、東南アジア諸国へと工場設備の一部を移転させる動きが顕在化します。

　チャイナ・プラス・ワンとは本来は「中国に拠点を残しつつ、もう１ヵ所、別の国にも設備をおく」ことを意味しますが、実際には中国の邦人数は減少していき、東南アジア諸国への奔流は明らかでした。

　その後も新たな国への展開は続き、海外進出のトレンドは、ミャンマーやカンボジアといったアジア後発国、あるいはアフリカ諸国に移ってゆきます。そしてそれらの国々は「最後のフロンティア」とメディアにもてはやされるようになります。本章では、最後のフロンティアと称される国々、とりわけミャンマーの発展と現状を紹介します。

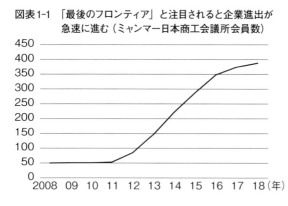

図表1-1　「最後のフロンティア」と注目されると企業進出が急速に進む（ミャンマー日本商工会議所会員数）

450
400
350
300
250
200
150
100
50
0
2008　09　10　11　12　13　14　15　16　17　18（年）

多様化する海外赴任者

　海外赴任者というと、かつては欧米へ赴任する外交官や商社マンが一般的でしたが、今日では製造業やサービス業の従事者、個人経営者などに裾野が広がっています。

　筆者が北京勤務をしていた2003年初頭、巡回健診で訪れた重慶など内陸部においても、零細な町工場が自動車部品工場を現地に立ち上げて、それまで海外赴任などおよそ想定しない人生を歩んできた方などから相談を受けることが目立ってきました。タイやインドネシアでも、2010年代に入ると、新たに進出してくるのは従業員数10人未満の零細企業が大勢を占め、それにともないメイド喫茶などエンタテインメント系の異色業種までも見られるようになりました。また、2011年の軍事政権終焉以来、日本企業の進出が急激に本格化したミャンマーでは、会計事務所、人材派遣業者、税理士・弁護士事務所といった、進出企業を支える個人事業主が、大企業の進出とタイムラグなく、初期から同時に目立っていた点が特徴としてあげられます。

　かつては企業進出がひと段落してから、それをサポートする形で周辺産業の零細企業や個人事業主があとに続きましたが、「最後のフロンティア」といわれる国々では、関連するすべての産業、零細企業までもが初期段階から進出していることから、その支援は国家的課題として考えてゆくべきでしょう。

「最後のフロンティア」の現地展開
現地在留邦人の声からわかる変化

　筆者はミャンマーに約8年、調査研究に通ってきましたが、その間、継続的に現地の邦人に聞き取り調査やアンケート調査を実施し、その時々の本音が反映された声を収集してきました。ミャンマーでは「最後のフロンティア」として認識されはじめた頃から、視察ブーム、一人駐在の様子見ムードがあり、そして本格的進出、踊り場と進むなかで、「食」「住」「ビジネス環境」「生活環境」「医療／病気」「現地人（ミャンマー人）」「同胞（日本人）」といった側面で、どのようなことがおきたのか、今後、新たに発展途上国へ進出するにあたって何を配慮すべきかが、そこからは浮き彫りになってきます。

　以下では、2011年に軍事政権が終息し、「ミャンマー詣で」と通称された視察の動きが見られはじめた2012年を起点とし、それ以降、どのような変化が生じていったかを時系列で紹介します。

　なお、アンケートや聞き取りは原文あるいは語られた言葉そのままを原則としていますが、わかりにくい部分については筆者が語句を補足しました。また、［＋1年］［＋2年］…とあるのは、起点とした2012年からの経過年数をあらわします。

❖食の問題

　進出開始当初はインフラの整備は皆無の状態で、食料事情に限ってみても、寄生虫リスクの高い川魚が寿司ネタに使われたり、粗悪な食用油が使われる飲食店が存在することに加え、外国人が安心して利用できる飲食店の情報も得られません。医学論文の材料になってしまうような珍しい感染症に感染したり、健康障害を来すケースも発生しています。これから日本企業やその従業員が入ってくるとなると、現地

では見よう見まねの怪しげな日本料理店が多数、あらわれてきます。その結果、普段はローカルの料理を食べる際に細心の注意を払っていながら、日本食となると急に警戒がゆるんで生ものを食べてしまい、下痢症状に悩まされる人も多く発生します。

　経済発展前の段階では、農業技術も未熟で市場に並ぶ野菜も虫食いだらけだったのが、経済が発展するにつれて農薬が普及し急速に虫食いがなくなります。しかし、安価な中国製農薬がノウハウもないなかで高濃度で使われるなど、別の形で食の不安もあらわれてきます。

　さらに発展が進むと、外国人からの需要に押される形で、あるいは現地で形成された富裕層〜中産階級の需要が発生して、有機野菜が特別のラベルをつけて売られるようになってきますが、ここではまだその段階に至っていません。

　【2014年】［＋2年］

◆飲食店で再生油を使っている。パーム油は最悪［質が悪い］

◆日本食レストランが乱立傾向で現在70件、あやしいところも

◆川魚に寄生虫がいる［「顎口虫」の項参照］

◆食品の安全面が不安（オーガニック食材が少ない等）

　【2015年】［＋3年］

◆野菜・肉等ミャンマー国内で流通している食材の安全性が確保されていない。また、ALPINE の水も日本の水質基準を満たしていないと聞いた［ALPINE は現地でポピュラーなミネラルウォーターの銘柄］

◆農薬による下痢。最近はブロッコリーを買ってもまったく虫がいない。農薬を高濃度に使用しているのか？

◆タンク水、ALPINE ともに、何本かに1本は臭い。中身は農家の井戸水か。農家のアルバイトみたいな商品もある

　【2016年】［＋4年］

◆食の問題。農薬は中国製が入ってきているが説明が読めないまま

使っている。中国製のもっとも安価なものを使うから水銀入り

◆ ねずみが多く食料庫を荒らされることも。病気にならないか心配

【2017年】［＋5年］

◆ 食生活の不安が一番のストレス。それ以外はいまのところ大丈夫

【2018年】［＋6年］

◆ 食糧の入手では、特定の銘柄をいわなければ大体のものは手に入る

◆ 肉類は、まだ少数ながら、バンコク等で買い出しして大型冷凍庫に保存している家庭もある

◆ 食の不安、農薬。空心菜を、汚水を流しているところで栽培

❖住の問題

　国外からの人の流入が急激に進むと、それに応じた住宅、なかでも外国人に適した、インフラの安定した住居の供給が間に合わず、家賃の高騰を招きます。高額家賃が負担できない等の経済的事情や住宅不足等により、外国人向け住居ではなく、現地の人と同様の居住施設に住まわざるをえない駐在員は、電気や水道などの不備に加え、昆虫の侵入にも悩まされます。さらに、頻繁に停電がおこりながら、自家発電の施設もないため、日常生活にも差し障りが生じます。数年の経過後に建設ラッシュとともに徐々に不動産需給がゆるんでくると、家賃・オフィス賃料・ホテル代などの値段が低下していきます。

【2014年】［＋2年］

◆ 家賃が2倍に高騰した。2000ドル⇒4000ドルなど

【2015年】［＋3年］

◆ ローカル住居。お湯が出ない

◆ 家賃急騰の理由に、「お寺に寄進のため」をあげる家主もいる

【2016年】［＋4年］

◆ 家賃が高騰していたが、いまは少し落ち着き下降気味。家賃とホテ

ル代は下降傾向だけれど、オフィス賃料は下がっていない。ホテルは
どんどん新築され稼働率低下

【2017年】［＋5年］

◆ ホテル供給が進んでホテル代が下がってきた

◆ サービスアパートメントはまだ6つしかない。家賃5000ドル。住
コストの高い国。制裁解除でこれからアメリカが入ってくるので、こ
の状況はむしろ悪くなるかも

◆ 生活環境のハードシップはいまだによくなっていない

◆ 停電とカビの問題

【2018年】［＋6年］

◆ 家賃は半年ごとの交渉。どうなるか不安

【2019年】［＋7年］

◆ 2001年⇒2009年でケータイSIMカードが5000ドル⇒1ドルに対
し、サービスアパート家賃は500〜700ドル⇒3000〜4000ドルへ

❖ ビジネス・職場

　「最後のフロンティア」として注目される最初期には、本社から視
察者が入れ代わり立ち代わり現地にやってきて、定番の視察コースを
まわり説明を聞いて帰るも、具体的なアクションが見えてこない。こ
のとき、視察者にとっては「とりあえず、どんなところか」「進出す
るかどうか」の視点で、日本での報道をなぞりながら、一通りのメ
ニューに沿って一周する感じかと思われます。デューティー（売上げ
や成果）をともなわずにじっくり現地を観察できるこの時点では、現
地の生活環境の情報もぜひ収集したいものです。

　一方で、韓国企業をはじめとする意思決定の早いライバルが迅速に
ものごとを決定して行動に移してゆく姿を横目に見ながら、「決定し
ない日本の本社」に対し、現地駐在員のフラストレーションがたまっ

てゆくのもこの時期です。投資ブームがおこり、世界から有望視される場所では、欧米先進国や新興国からも有望視され熾烈な競争が発生しがちです。そのような前提で、日本の本社の意思決定の仕方を見直すことも、今後の進出にあたっては必要になってくるでしょう。

　進出がはじまり5年ほど経過すると、駐在員の裾野も広がりはじめます。そのようななかで、経験の少ない若手社員が現地に送られ、苦慮するケースを指摘する声も出てきます。たとえば、インドに派遣されいきなり労働争議の矢面に立たされ、その後メンタル不調から自死に至った痛ましい事例がありましたが、筆者は、それが20代の若手社員だったと聞いて絶句しました。海外赴任経験の少ない人材を送る際には経験者とのペア派遣、さらには産業医の巡回など、より密なフォローが必要です。

　「最後のフロンティア」では、現地政府にとっては、海外からの企業進出に対する経験がなく、それに見合った法制度が整備されていません。ミャンマーでも、軍事政権終焉（進出スタート地点）から新投資法が動き出すまで6年半の年月を要しました。現地の人々の感覚も同様で、ビジネスの現場からは「動かない。とにかく動かない。進まない」と悲鳴が発せられます。期待先行型の日本国内での報道と現地の実態との違いを本社にいる人間があらかじめ把握できるかが、現地駐在員のメンタルヘルスにも直接かかわってきます。

　進出スタートから7年経過時点では、家族帯同の赴任も増え、同伴配偶者からも、「業務量が非常に多く家庭内がピリピリ」といった過重なストレスに対する客観的な観察が寄せられます。一方、オフィスビルが開業し賃料が緩和されたり、製造業では発電設備の増強による工業用電力の安定化など、不完全ながらも変化の兆しがあらわれはじめます。もっとも、シンガポールより高い家賃は適正とはいいがたく、日本国内の報道とのギャップと、日本本社の理解が不十分ななかでの

過剰な期待にもとづくアプローチは、依然として現地駐在員のストレス要因となっています。

【進出がはじまる以前】（軍事政権時代）

◆ 通信事情は、かつては国際回線が16回線しかなかった時代もあり、午前2時からファクスを送るのが仕事。50回くらい回してようやくつながる

【2014年】［＋2年］

◆ 日本人はNATO（No Action, Talk Only）⇒ 4 L（Listen, Learn, Look, Leave）と揶揄されている

◆ 日経の報道、迷惑だと思う

◆ 日経新聞ほど甘くない

◆ 韓国人、やること早い。在留3000人

◆ 事務所開設など、契約の日になっても入居できない。3週間遅れはザラ。月単位で遅れるなど、とにかく動かない、進まない

◆ ミャンマー駐在独特のストレスがある。手続きが遅い。赴任が遅れることさえある

◆ 邦人のストレス。若い子が大変ではないかとの声があがっている。年をとった人はミャンマーはしんどいのではないかとの配慮で25〜26歳ぐらいの若手がいきなりミャンマーに送られてくる。赴任直後にミャンマー人と対峙しなければならない

【2016年】［＋4年］

◆ 駐在員をおくコストがアジアで2番目に高いといわれている

【2017年】［＋5年］

◆ ティラワ［日本主導で経済特区に建設された工業団地］の電力事情、25万kW × 2 が2016年稼働開始。2016年に入って大人気［2016年に電力事情が安定したことから大人気に］。I期は95％売れた［工場用の土地（利用権）はI期分がほとんど売れ、II期分も売れていた］。

進出元は14ヵ国。日系企業は5割ぐらいしかない（当初予定はほとんどだった［当初は日系企業のみの進出が見込まれていた]）

◆オフィスビル供給が進んでいる。サクラタワーを出る日系企業が増え、家賃が約1割下がった。でもまだまだ

◆建設需要。日本のゼネコン受注は思わしくない

◆安上がり建築志向。鋼材を安くする（成分表示がない中国製鋼材など）、20～30年後を考えていない。たとえばミャンマープラザ（ベトナム系 HAGL）

◆ビジネスのしやすさランキングが177位⇒167位に

◆教えながら一緒に育ってゆくスタンス

◆汚職度指数180⇒172⇒157⇒156位（Transparency Interational 発表の Corruption Perceptions Index 2014）［母数は、183⇒174⇒175⇒174と推移]

◆アウンサンスーチー氏の命令により、公務員に対する2500円相当以上の贈り物収受が禁止に。公務員の仕事スピードが下がったとの噂も（公務員の意欲低下）

◆裁判官の収賄、両方からもらってはいけない。片方だけからにと

◆中期的（3年程度）有望事業展開先国第10位（JBIC［国際協力銀行］調べ）

◆5100万人の市場（カンボジアは1500万、ラオスは700万）

◆インフラや法的面は徐々によくなる

◆賃金は製造業作業員90ドル／月。バングラデシュより安い

◆30～40代は大学生時に大学が封鎖されていた⇒海外にいた層がマネジャーを務める能力をもつが、賃金が高い。多くの日系企業はそこまで賃金の高い層を雇えず、その次の階層を育ててゆくスタンス

◆自動車コーティングビジネスに従事。ミャンマーの鈑金は質が悪い。こちらで鈑金した部分はコーティングがはげ、クレームに（コーティ

ングのせいだろうと）

◆ミャンマー人の気質や、国特有の事情により仕事が遅れる

◆仕事が進むスピードがきわめて遅い

◆工場の認可申請担当者が横領していた

◆機械の据え付けに2ヵ月かかった。土台、コンクリ…

◆業務上横領を罰する法律がない。取ったほうがよいという雰囲気。取った金はパゴダ［寺院］へ

【2018年】［＋6年］

◆2016年に突然の休日変更。各会社で労働側と交渉を任せることにした。その結果、一部でストがおきた

◆新政権になって一時的に経済が鈍化⇒許認可がおりないと鈍化することがわかり、許認可が進んだ。サービスアパートメントも一気に変わるかも。現在は家賃がシンガポールより高く、アジア一。一方でそれに見合う収益がないので駐在が増えていない

◆単身駐在だが、仕事はない。マスコミがあおるが、進出してきた建築業の7割に仕事がない。様子見への理解がある会社ならよいが、何でも案件とれとプレッシャーをかける会社も少なくない

◆企業進出へのコンサルは、当初はぼったくり状態。会社設立で300万円とか。いま30万円

❖生活環境

　経済発展がはじまると真っ先に増えるのが自動車ですが、道路や公共交通機関などのインフラは一朝一夕には整備されないので、交通渋滞は深刻度を増すばかりです。約束の時間に間に合わせるには何時に出ればよいかが読めないため、たっぷり余裕をとることが習慣化する一方で、スムーズに交通が流れると1時間も早く着いてしまい手持ち無沙汰になることもあります。ジャカルタでは日本人学校の送迎バス

が朝６時に出発しなければ始業に間に合わないので毎朝５時に起床する邦人家庭では慢性的に睡眠不足が蓄積しています。大渋滞はいまや多くのアジア主要都市で出現する共通した事象になっています。

　交通インフラ建設が交通量激増に追いつかず、日常的に身の危険を感じるというストレス要因は、経済発展の初期段階から継続的に見られます。この時期、公共交通機関の整備が不十分なため、路線バスがどこに停まるかもはっきりせず、車掌が叫ぶ現地語が唯一の行先案内であったり、鉄道もディーゼル機関車が引っ張るボロボロの客車が日に数本、亀のようにノロノロ動くのみという状況では、運転手付きの車が使える待遇でなければ、現実的にタクシーが唯一の足となります。しかし、タクシーがこわいとの声もあります。ライドシェアが、限られた範囲ではあっても事業として成立すると判断される段階になれば、スマートフォンからある程度の品質管理の行き届いた車を呼べるようになり、この問題は解決に向かうのでしょう。

　水道や電気など基本的な生活インフラも、発展途上国の一部では日常的に、あるいはコンスタントには使えません。頻発する計画停電や断水は、供給能力が需要を上回れるようになって初めて解決するもので、そうした整備には一定の時間が必要です。衛生面でも下水道の整備や現地の人々の意識改革には時間がかかり、しばしば「ネズミの死骸の目撃」「蚊の発生」などにも直面します。こうした環境下では、食材の洗浄などに手間がかかり、家事の負担増にもつながります。

　深刻な事態に発展する可能性のあるのが、郵便事情です。発展途上国では、送ったものが届かない、紛失する、さらには封を開けられてしまうなども散見されます。検閲の名のもとに、日本の学校への入学願書や内申書まで開けられてしまうため、出願ができず（内申書は開封すると無効になってしまうことが多い）、出願書類はわざわざ隣国タイまで差し出しに行くという話までありました。

筆者が勤務したアフリカの某国では、日本から送られてくる子ども用のファンシーグッズが抜き取られてしまうという同僚の嘆きをしばしば耳にしました。こうしたことも、技術協力を通じて郵便制度のノウハウが導入され大幅な改善が見込まれるまで続きます。

　経済発展が少し進むと、それまで縁のなかったマネー収入に舞い上がった現地の人々が契約無視の家賃値上げを申し入れてきたり、プチ富裕層目当てのフィットネスジムができては消えてと、新たな動きに一喜一憂する場面も出てきます。しかしこうした事象は日本の本社に知られることなく、現地駐在員が独り悩み、ストレスを蓄積してゆくのも経済発展離陸段階で生じることですので、本社側はある程度先読みしつつ現地情勢に耳を傾け、フォローしていくことが重要です。

【2014年】［＋2年］

◆自動車が自由化で2500万⇒300万［単位は円（相当）］になり激増、渋滞も

◆検閲で荷物を開けられる。ミャンマーで物を受け取りたくない、送りたくない。内申書が開封されてしまい無効になった。バンコクまで差し出しに行く

◆いまのミャンマーは動きが速い。想像を超えるスピードで変わっている。日本でいえば明治維新みたい。急にオープンになっている。ベトナムがオープンしていったときのよう

◆タクシー交渉、タクシー騒音。仏教系の騒音（寺院のスピーカーから大音量でお経が流れる）

◆給与（ストレス解消に制限が）［給与が物価上昇についていかない］

◆現地の衛生事情と日本人の衛生観念の違い。道路のゴミ投棄や噛みタバコの吐き捨て

◆交通マナーの悪さ（違法駐車など）と交通インフラの遅れ（信号機の少なさなど）。常に事故のリスクがある

◆自宅は決まった時間にしか水が出ない。そしてその時間は仕事中

【2015年】［＋3年］

◆ ＴＩＭ［This Is Myanmar の略。ありえない事象に直面すると、これを呟いてため息をつく合言葉］

◆ミャンマーの健康ブーム。フィットネスクラブの開業ブーム。2000円〜1万円／月

◆土地価格の暴騰。背景には北部の麻薬マネー。ロンダリング先がなくなってきて、スイスの銀行×、シンガポールも×、それが国内にまわってきて地価高騰へ

◆家賃の急な値上がり、家主の強気。契約書あってないようなもの

◆以前に比べるとかなりストレス減だと思うが、そういった世界を知らないと、まだまだストレスフルと感じることも多い。知らず知らずにため込んでしまうこともある

◆たまに（？）淋しいと感じることがある。日本へ電話等をしたくても、通話状態が悪く、できなかったり

◆町中が汚い、水が悪い、ねずみの死骸をよく目にするなど。生活がしにくい

【2016年】［＋4年］

◆家事に2倍手間がかかる。野菜を洗って下処置して…

◆タクシー強盗。ライトバンの荷台に3人。攻撃をはじめたら手をゆるめることはない。シンガポール女性がレイプされた事件もある

◆生活環境・交通状況・職場について、直属および部長はまったく知らないので知るところからスタートしてほしい

◆余暇にすることがない

◆ミャンマー生活のなかで雨季と乾季とではストレスが異なる。雨季ではカビの問題、外出しにくいなど。気持ちが塞ぐが、乾季では外出できることで気分も上がる。天候はメンタルヘルスに影響する

◆特に大きな不満はないが、ショッピングを楽しんだりできないのはちょっとさみしい

◆考え方にもよるが、自然が豊かで人々はおおらかなので、ある意味、ストレスは日本より少ない場合がある

◆ミャンマー生活はゆっくりと時が流れるのでとても気に入っている

◆想像以上に治安がよい。他人に優しい。日本人（特に25〜30歳の若手）が多い。「平成生まれの会」会員は40名以上。同世代が多くいるのはストレス発散につながる

【2017年】［＋5年］

◆不便も楽しめる気持ちがあればとてもいい国だと思う

◆政府が不安定な分、ストレスはある

◆自由な身なので気楽だが、ミャンマー人を使う仕事に従事していると苦労が多いとの話も多い

◆何が起こるかまったくわからない。良い点、悪い点どちらも

◆商社の特勤度［生活条件の厳しさのランク。手当に反映されることが多い］が、インドと並んで最低だったがワンランク上がったところもある。インド駐在員から、ミャンマーはこんなに環境がよいのに…との声もあったとか

◆ミャンマー生活は不便といわれがちだが、日本のいなかと比べればインフラ以外は一緒。外者（よそもの）がミャンマーで大きな顔していることに関して考えなおしてほしい［ミャンマーの現状について、上から目線で日本人が批判するのはおかしい］

◆交通事故が多発。感染症が多い

【2018年】［＋6年］

◆安全面。タクシー強盗。運転手側も客を信用せず仲間を乗せて（治安に）備えようとし、客側も運転手を信用していない

◆治安はよい。病気のリスクが高い

◆会社の避難訓練を自分が赴任するまでしたことがなかった

◆安全管理に対する意識が薄い。薄給のため現地採用者は長く働くのはむずかしいだろう

◆ティラワは、住環境以外は何もない。外食ない、弁当だけ、タクシー3万チャット（約2400円）

◆服が茶色になる（現地の水質の問題により、洗濯を繰り返すと茶色ばむ）

◆長い雨季があり、これに慣れることはない。娯楽がミャンマーには少ない。ゴルフ以外に何かあればストレス解消に役立つと思う

【2019年】［＋7年］

◆すばらしい苦労を発見することが大事

◆長くいるとミャンマーに対する印象が変わる。好感⇒いいかげんさへの怒り⇒あきらめ⇒受け入れ⇒愛着⇒（の繰り返し）

◆日本に知られているミャンマーはごく一部。進んでいる部分（通信インフラなど）と遅れている部分（医療インフラなど）の差が大きい

◆のんびりしている。生活そのものは不便だが、ストレスは日本より少なく感じる。日本人コミュニティが狭く、そこでのかかわりのほうがストレス

◆2012〜13年と、2015〜19年の2回駐在したが、その3年ほどのインターバルで、インターネットが劇的に速くなっていた

◆雨季の外出歩きは、ずぶ濡れになる確率が高い。交通マナーも悪く、いつもタクシーに幅寄せされて車に当たりそうになる（徒歩中）

◆変化が激しいところがおもしろい（イライラすることもあるが）。ミャンマー人のだれに話を聞くかでミャンマーの印象がまったく違う

◆通信環境は圧倒的に改善され、ストレスは激減した。日本からの出張者（とりわけ最近は人材系実習生など）がかなり多くなった。買えるもの（国内で）も増え、レストランのバリエーションが広がった。

コラム1　タクシーは交渉制からライドシェアへ

　日本（先進国）から空港に降り立った人に、Taxi、Taxi と声をあげながらまとわりついたり、荷物をひったくらんばかりについてくる現地ドライバーは、中進国や途上国の風物詩です。「最後のフロンティア」でも空港をはじめ、高級ホテル前、ショッピングモール前にアグレッシブな運転手がたむろする光景がまだ一般的です。その車内にメーターが装着されるのは経済発展離陸が見える頃で、それまでは料金交渉が必要です。「○○までいくら？（現地語か英語かで料金が異なることもしばしば）」「○×（現地通貨）」「いや、○×（言い値の半額）」「（それでもニッコリして）OK」などのやりとりを経て乗り込み、着いた先でアポ相手に聞いたら5割ほど高かった、などもありますので、現地の人に相場を聞いておくとよいでしょう。これらは、空港周辺のタクシー管理が進んだりシェアサービスが台頭するようになると、多少は影が薄くなります。

　タクシーへの、夜中の女性のひとり乗車は避けるべき、というのは多くの国で当てはまるのですが、問題は、本来安全な国でも経済発展のある段階で突発的に事件がおこることです。ミャンマーは本来、女性がひとり歩き、ひとり乗車しても大丈夫な国でしたが、経済発展も離陸しはじめた2016年頃に「タクシー強盗」のニュースが駆け巡りました。ライトバンタイプの荷台に運転手とグルの強盗が潜んでいて、暗がりに差し掛かると、客を羽交い締めにして貴重品を盗って放り出すという荒っぽい手口です。「タクシーに乗るときは荷台にだれか潜んでいないか確認しましょう」というアドバイスが必要になりました。運転手が襲われる事件もおきるようになり、なかには友だちを用心棒がわりに助手席に乗せて被害の未然防止に努めるなども見られます。アンケート調査でも「ミャンマーは意外に治安が悪い」「タクシーが危険」といったコメントが目立ちました。タクシーは街の縮図でもあるわけで、経済発展とともに様子が変わっていくことには注意を要します。

　2017年頃からは Grab（ライドシェア）の利用が目立つようになりました。邦人同士の食事会などで集まると Grab で帰れるので…と自然に利用されているのがわかります。このシステムが定着するには携帯普及率、自家用車普及率、住所地名道路名の整備（○○通りと○○通りの角、○○番地など、場所を特定できるだけの整備を要する）など、ある程度の条件が必要です。「最後のフロンティア」として離陸するとともに、代表的都市からシェアリングエコノミーの恩恵もあらわれてきます。ただし、ライドシェアの恩が及ぶのは大都市のさらに一部に限られるので、地方出張ではまだまだ交渉術がいります。

少しせわしなくなった気はする（ミャンマー人も）

❖医療事情

　医療体制や病気に対して邦人が抱く進出初期のイメージは、「現地医療に対するまったくの不信」と「未知なる奇病へのおそれ」が大半でした。経済発展前には富裕層や外国人向け医療体制はきわめて限られていたため、清潔度にも問題のある現地医療を、現地の人々に交じって受けざるをえません。そのため、受診の必要性を感じたら現地の医療施設ではなく、航空機で最寄りの医療先進地へ向かうのが一般的でした。

　医療機関に関する情報も当初は行き渡らずに、「手術室にハエがいた」などの出所不明の噂が流れたりします。さらにそれが不安を掻き立てる悪循環です。医療レベルも、外国人の受診を想定した医療機関ができはじめるもののノウハウがなく、たまたま受診した邦人が目撃した、先進国との大きな違いが噂となって流れるばかりです。

　そこで、日本の本社は産業医などに現地医療を視察させ、どの部分がどこまで利用可能か、どのような重症度で最寄りの医療先進地ないし日本へ帰国させるか把握し方針を立てておくことが望まれます。そして現地の日本大使館に医務官が配置されているなら、ぜひ訪問して意見を聞いてください。また、駐在員に対しては、受診のために最寄りの医療先進地か日本へ帰国する旅費などの支給要件を明記し、手遅れになる前に受診を促す体制の整備に努めてください。

　現地人が罹患する、結核をはじめとする疾患は発展途上国型の顔ぶれで、感染症対策が求められます。雇い入れ時の健康診断による把握の徹底など求めたいところです。

　ミャンマーにおいては、進出5年目から、常駐日本人医師による診療が実現しました。大いに期待されましたが、受診者数が想定ライン

に達しなかったため、2年ほどで撤退してしまいました。その後、別の医療法人が進出し、現在では診療が継続されています。在留邦人数がおおむね1万人を超えると、日本人対象の医療も安定して経営が成り立つようになってきますが、それまでは安定しません。

　なお、医療系資格は多くの国において国家資格であり、日本人医師へのライセンス発給は、現地政府の方針に左右され（現地の医学部を卒業し現地で資格取得したものではないため）、場合によっては突然無効化されたりする可能性もあります。たとえばインドネシアでは、外国人医師に与えていた資格を停止したことから、かつてジャカルタ市内に多数あった日本人向けクリニックは一斉に閉鎖の憂き目を見るところとなりました。シンガポールやベトナムのように外国人数があるレベルを超えれば、一定の条件下で比較的スムーズに手続きが進むようになることもありますが、ミャンマーでは、建前上は日本人医師に対し制限付き免許を交付する道はあっても、まだ相当の時間がかかるようです。

❖在留邦人が感染した主な疾患

　これまで現地で診療を継続していた日本人医師の観察により、在留邦人が実際に感染している疾患が何かが明確になってきました。主立った疾患は、腸チフス、皮膚科疾患、その他の消化器疾患、インフルエンザです。

　消化器疾患は、食品流通が未熟で清潔度コントロールができない段階では、赴任前研修で「Cook it, Boil it, Peel it」（p.94）の合言葉を徹底してリスクを下げてゆくほかありません。そして外食などでそれが徹底できない面があること、どうしてもリスクに直面してしまう可能性があることを織り込む必要があるでしょう。

　皮膚科疾患は、感染症に比べて報じられることが少ないために、感

染者が多いことはあまり知られていません。その原因は水質、湿度、大気汚染、虫刺され、アレルギーと多彩ですが、わかっていないことも多く、早めの受診がのぞまれます。

　東南アジアでの一般的な傾向として、企業の進出開始から７年も経過すると、タイやシンガポールなどメディカルツーリズム先進国から富裕層や外国人の取り扱いに慣れた医療機関が進出して設立されるようになってきますが、その本格稼働には、医療スタッフのリクルートや品質向上などに時間を要し、一見立派な外観と診療体制の釣り合わない過渡期があります。食品衛生の水準向上にはさらに時間がかかり、感染症へのリスクは何ら変わりません。水質の問題、ホテルの大浴場やゴルフ場シャワーでの眼科疾患罹患などがミャンマーの邦人社会では広く知られています。本社側は表面的な変化に惑わされずに、産業医や産業保健職のプロの目を通して評価すべきです。

　【2014年】［＋２年］

◆ヤンゴン病（皮膚に赤い斑点、ポツポツ、かゆくない）に、赴任から数ヵ月してからなる。あの人もこの人も

◆ゴルフ中に突然死

◆現地の医療への不信。きちんと診断してもらえない、治らない、もともと行かない（具合が悪ければすぐタイへ）

◆医師を探すときも人（ひと）ベース（紹介してもらう）。医療は80％がprivate。でもアクセス悪い

◆医療インフラの低さ

　【2015年】［＋３年］

◆現地医療機関の診療レベル。受診しても大丈夫か。盲腸の手術をして大丈夫か。デング熱でかかっても大丈夫か

◆胃腸炎多い。会合当日に下痢症状を発症し、９人の参加予定が７人になった

◆歯科がストレス。親しらずを抜くのに6時間かかった。途中で中断とか

◆最近、腸チフスが多い印象。周囲の邦人でかかった人を3～5人知っている

◆さそり、ヘビ。使用人の家族などの犠牲例も聞く

◆デング熱2万人台。マレーシアと一桁違う。把握されていないのもあるかも

◆チクングニヤに邦人1人が罹患

◆教授クラスの医師、一人診察ごとに10ドル20ドルとり、月収100万円台も

◆医療施設が少ない。公害はまだないと思う。交通事情にストレスを感じる

◆医療の進出。邦人歯科医2人でやっていたが、1人はいつの間にかいなくなった

◆病院食は基本的にない。ビクトリア［富裕層対象の病院］は特別。（重症化したデング熱で）ビクトリアに入院した邦人が、どうしてもイヤだ！　といって退院したケースがある。JICA病院に転院して毎日、日本食弁当にしたら納得した［文句を言わなくなった］ケースも

◆病院のレベルをもっと上げてもらいたい

◆歯医者に関するストレス…

◆ノドをやられる人が多い。結核多い。現地人雇用時健診で結核とB型肝炎が多い（5人中2人というケースも）

◆脳溢血・脳血栓の邦人がいる

【2016年】［＋4年］

◆蚊帳。1000円ぐらい。モウラミャイン［ミャンマー南部地域のモン州の州都］では意識が高くてよく売れている。オリセットネット［防虫効果のある蚊帳の商品名］

◆デング、チフス、下痢、ねんざ（道路に穴が多いため）

◆ヤンゴン総合病院の手術室にハエ。それでも３匹しかいないので最も清潔な場所（とされる）

◆転んで手の腫れた子ども。レントゲンで骨折が否定されたら何も処置なく帰された（大丈夫だろうかと校長先生が心配していた）

◆医療インフラの低さも知ってほしい

◆日本側の責任者が駐在していない場合、現地パートナーをコントロールすることがむずかしい

◆ミャンマーの発展にともない、貧富の差が拡がっていくと思う。医療を含め、今後日本（日本人）としてどのようなことに協力できるのかが知りたい

◆病院にどのような設備があり、何を治せて、何を治せないのか
【2017年】［＋５年］

◆デング熱。SOS［ミャンマーインターナショナルSOSクリニック］に３日間で５～６人が来たことも

◆デング熱は、現地医師も症状だけではわからない。あるとき、２人受診し、一人は強く疑われたので緊急で［強い疑いがあり］NS1抗原［デング熱の血清検査］、もう一人は緊急にせずふつうでNS1抗原。しかし結果は逆だった。むずかしい

◆海外旅行傷害保険。最初に外国人や富裕層向け医療機関ではなく、一般ローカル医療機関を推薦する動き。結果、かえって悪化してSOSへ。なんでもインフルと診断して抗生剤のパターン。血便を見逃す

◆性行為感染症。単身者に多い。留学生はまだ目立たないが、駐在員の受診多い

◆メンタル疾患罹患日本人。アルコール依存症。うつ病

◆会社の相談事ができず（１人で会社立ち上げ、少人数駐在など）ミャンマーから失踪などがあった

◆下痢、インフルエンザ、高熱、カゼ

◆日本から連絡がとれなくなり、家に行ったら引きこもっていた

◆駐在員の奥様が1ヵ月でうつ病

◆アルコール依存で帰国

◆ミャンマーで仕事をはじめて数ヵ月から1年でうつ病が2人

◆しっかり日本並みに病院を利用してほしい。我慢して処方、タイでの医療機関を利用するパターンが多い

◆最近の医療関係はだんだん良くなっていると思うが…

◆現地の歯科開業医に教育。8年越し。医科、特に大学はまったく患者のことを考えていないし、治せないと。大学は権威づけのみ。むしろ開業医レベルに教育のしがいがある

◆受療行動。まずは薬などで、ぎりぎりまで我慢

◆ミャンマーに来て不潔感を感じ病院に行かない。ひどくなってから行く。行ってみれば意外に清潔と感じる人も

◆H1N1（インフルエンザ）騒動。報道が無茶苦茶。現地の医師が「今度のは新型H1N1だ」とかおかしなことを言って、そのまま報道されることが毎日続いた。当初、報道を静観していたが、さすがにまずいと思って大使館からメールで情報を流した。いつの間にか騒ぎはおさまったが、感染症が流行しても、終息宣言を出さないので当惑

◆歯科の相談が多い［元歯科衛生士］。非常に高額のところもある。歯科医院の判別が必要。滅菌水のチェックをしている。まだ煮沸のところがある（日本では昭和時代の感覚）

◆皮膚科の受診が多い。白癬、湿疹。湿気が多いことも関係か

◆登山に行ってマラリアに罹患した人がいる

◆日本に帰ると体調が良くなる人も、体調が悪くなる人もいる
　【2018年】［＋6年］

◆ミャンマーのゴルフクラブのシャワーは鉄のにおいがする

◆ハードシップ［駐在員の赴任先の住環境や治安、気候風土の違いなどに応じて支給している手当］、風景も変わらなくなり下げようとしている動きも企業にあるが、私見では、安全衛生の不安は大きいと思う。ストレスは安全衛生面。日本人医師がいたとしてもクリニックレベル。心臓病や脳卒中のときどうするかとか

◆救急車が有料。相場は50ドル

◆デング熱。過剰に宣伝？　みんなパニクり気味

◆皮膚科の病気がこんなに多いとは思わなかった

◆チフスは培養に5日かかるので、Widal［旧式の検査法］とかあまり正確でない検査であたりをつけて治療。説明すればわかってもらえる

◆日本人の患者が多いのは、下痢、インフルエンザ

◆腰痛などもあり、パラミ病院（国立病院）整形外科に紹介

◆チフスにかかった経験。どこでかかったかわからない。家族、双子の姉妹の片方も罹患。診断つかず日本に戻した。横浜市民病院でパラチフスの診断

◆農機具セールスで農村に行くと、歓迎して食事を出してくれる。手をつけないのも失礼だし、食べざるをえない

◆交通事故⇒ヤンゴン総合病院［一般庶民向けの国立病院］。いまでも事実上、他院では警察書類とかつくれない［他院では警察書類等がつくれないので、事故に遭った場合はそこに運ばれるしかない］。米大［アメリカ大使館］では、「絶対事故と言うな、転んだと言え」と言われた

◆外資系病院（タイ・トンブリ病院）が新設。施設は立派だが、まだ医者が集まっておらず稼働していない

◆民間療法や、ローカル薬50チャット（7円相当）とかで悪くなってくる人もいる。蜂窩織炎［皮下の感染症］レベルになるなど、重症

化することも

◆デパス［向精神薬］依存が多い。デパスデパスと2例［2例が続いて出た］

◆ミャンマープラザ前で全裸になった邦人。最初の全裸で日本に帰国。舞い戻って再びの事件

◆医療インフラが向上すればいいと思う

【2019年】［＋7年］

◆ミャンマー人医師たちがきわめてモチベーション高く熱心。日本の医師のアドバンテージは設備とこれまでの蓄積だけなのではないか。それがなくなったら太刀打ちできないのではないか［NGO医師］

◆麻疹がヤンゴンで発生とのニュースで、邦人のワクチン接種希望者が増えたが、ワクチンが確保できず応えられない

◆日本人医師の免許申請で時間かかる。日本人医師の募集をかけると応募が10人あり、反応はよかった。他の東南アジアの国にいた医師が来ることになった［日系クリニック］

◆精神科医手前のケアを受ける場所が少ないと感じる。心理カウンセラーの機会が増えるとよいと思う。ミャンマーでの仕事は日本より通勤ストレスが少ないからよい。生活のストレスより、仕事のストレスが多い（ミャンマー人スタッフの教育等）

❖現地人（ミャンマー人）

　進出初期には現地人の気質、文化、考え方、行動様式などの情報が圧倒的に不足し、限られた経験から手探りな状態です。おおむね良好な関係を築きつつも、飲酒すると突然目の前で暴れたり、投石の喧嘩をはじめたりする現地人を目にしたり、邦人女性が頻繁に痴漢被害に遭ったりと、想定外の事態に「そんなこと、聞いてなかったよ」と戸惑うところとなります。また、現地人との接し方や同国における基本

的なマナーを苦労しながら身につけてゆきます。

　経済発展とともに、現地の人々はそれまで得られなかった大金を手にするようになり、一部には性格も変化し、たとえば家賃を一気に倍増して請求してきたりする拝金的なケースも目立ちはじめます。進出開始から５年もすると、そうした現地人に関するノウハウが蓄積され、ある程度、邦人社会内での情報共有もできてきます。

　しかし個人差はあるものの、ビジネスの場で現地人自身が変化するには時間を要し、進出から７年経った時点においても、仕事のペースが遅い、ものごとが動かない等の声が絶えません。男性に拉致されそうになった女性邦人のケースなど、深刻な事態も発生してきます。

　ミャンマー人の国民性について、苦労を強いられる面も含め、情報の蓄積とともに、文化人類学の知見をビジネス場面で共有できる仕組みづくりへ国家的取り組みを求めたいところです。

　【2014年】［＋２年］
◆ミャンマー人は飲んだらこわい。カッとなって暴れる。スーレーでの騒乱［2007年のデモ隊が暴徒化した事件］では、政府が何人か撃ち殺して、しゅんとなっておさまった
◆人と人との関係が、上海に比べたらずっと楽。ものの考え方やマインドが日本人に近い。「ミャンマー人相手でだまされた〜」となるのは10人に１人ぐらい。日本に対する畏敬の念がある
◆日本人の友だちをもつことがステータスになる。結婚式に招かれ、お祝いだけ渡して帰ろうとしたら心底残念そうな顔。あとで聞いたら「それは可哀想だよ、彼らは日本人の友だちがいることを見せたいのだから」と
◆ミャンマー人は酒飲みで抑制がとれると変わる。ミャンマー人同士の殺傷事件が５年前の2.5倍になった。鬱積しているものがあるのではないか

◆ミャンマー人はこの先、精神的に不安定な人が出てくると思う

◆ミャンマー人の気質。礼儀正しく理解しやすい。親日的で、中国、インドよりやりやすい。ただしビジネス上は違い、どう国が運営しているのかわからない。明文化されていないことが多く、「わかる」ためにエネルギーを使う。他のアジアと違って、国会でも法案がすごい数審議されている。議員も目を通しきれず当日になって目を通している始末。国が混乱している

◆言葉の使い方ひとつで相手との関係が変わる

◆ミャンマー人の基本的な文化や理論を知っておかないと失礼になる。たとえば子どもの頭を手でさわってはいけない、一歳でも年上は尊敬の対象になるなど

◆職種的に対等でなくても「セア」という敬称を用いる必要があるなどは、知っていないと大変。人間関係に影響する

◆ものの言い方をソフトにするなど…

◆ミャンマー人の言い訳。まず言い訳からはじまる

◆働かない

◆ミャンマー人がストーカーになる。いままで３人につきまとわれた

◆日本人のお客様のミャンマー人への接し方やスタンスに対してストレスを感じることあり

【2015年】［＋３年］

◆教科書［ミャンマー人の日本語学習者向け日本語教科書］は1998年製で古い（電車の乗り方に交通系 IC カードの説明が入っていない）。自分でいろいろ工夫している

◆東京外大ビルマ語学科には、１ヵ月間のヤンゴンへの留学制度がある。ミャンマー好きになる人が半分、嫌いになる人半分。嫌いになる人はプライバシーがない点、部屋に入ってきては話し込むこと、お節介な点が、合わない

◆日本への派遣をかねた語学学校や人材派遣の運営は外資不可、内資で計画中

◆もっと教育に力を入れるべき。貧富の格差が激しすぎる

◆ミャンマーはなんでも速度が遅い。This is Myanmar

◆人とのかかわりが大事だと感じる（インターネットがいまだ社会に普及していないので、Face to Face のコミュニケーションが大事）

【2016年】［＋4年］

◆高齢者、中間層がどうなっているのか興味がある。貧困層には優しい国。富裕層はなんとでもできる。中間層が置き去りにされているのではないか

◆ミャンマー人は謝らない

◆同じことを間違える。プライドが高い

◆日本とミャンマーは違う。似ている点も異なる点も認識してほしい。そして、「できない＝劣っている」と考えるのは違うと思う

◆ミャンマー人の英語に疲れる。タクシーをいちいち値段交渉しないといけないのが面倒。いつも、ぼったくられるんじゃないかと思った

◆この国の発展について入り口が見えない。どこから改革に手をつけていいのかわからない

◆他の ASEAN 諸国に比べて生活のハードさはあるが、それでも人が好きでミャンマー人のやさしさは気に入っている。仕事面はやはりむずかしい。日本人とのつき合いが面倒

◆自ら進んでこの国に来ているので不満は一切ない。確かに日本と比べると、いろいろ不自由な点はあるが、ミャンマー人はこの国で力強く生活しているので同じ人間である以上、問題ではない！

【2017年】［＋5年］

◆痴漢が多い。女性が一人だと、バスの中で手を突っ込んでくる。コンビニで酒を買って路上で飲んでいるミャンマー人がついてくる

◆対人関係は日本での会社員生活に比べリラックスしている

◆生活は不便だが、ミャンマー人の人の良さ（家族のように接してくれるところ）が大好きだ。発展途上ではあるが、これからというミャンマーの活気を楽しんでいる

【2018年】［＋6年］

◆ストライキ。どういう人がストをやるのかわかってきたので雇わないようになってきている（例：政治的活動をやっている人）。ミャンマー人は教育を受けていない人が、影響される傾向がある。2012年に改正労働組合法が施行になった。ストを経験した日系企業に周囲が聞いてくるので情報が広がる。また、中国でストを経験してきた企業からも情報収集する

◆秘書を雇うとかえって仕事が増える。定型的作業でも「これでよいか」いちいち確認。「前やったよね、前と同じでよい」の無限の繰り返し

◆ミャンマーの教育は、暗記ばかり。コピペですまそうとする傾向が強いよう

◆工事現場。きれいにしたところを汚れた手でさわって手形をつけてしまう。そのため、自分で工事前にシートを敷き詰めている

◆結核。かつては、感染者をはじいていたら良い人材がとれなかった。排菌でなければ［他人に感染させる可能性がなければ］採用

◆建設業。工事現場を仕切るのは、たいてい現地の女性

◆男性3人に拉致されかかった。日本人会役員が助けにきてくれた

◆細かいことを気にしない生活ができる。ミャンマー人は絶対に sorry とは言わないので、「言い訳をしたら謝っているとみなす」とよい

◆日本の病院のようにマニュアルだらけじゃないので働きやすい。処方箋も問診票もなかったのですべて作成しなければならなかった。ヒヤリハット事例は共有したがらない、責任をとる人がいない

◆現地ミャンマー人スタッフ（20代男性）の自殺。恋愛関係のもつれ。その後のフォローアップ、葬儀や親との会話、ドネーション［遺族に対する心づけ］等で負担感。自殺しそうな感じはわからなかった

【2019年】［＋7年］

◆日本の生活よりも大好き！　ミャンマー人の明るさにいつも救われる

◆ミャンマー人はおだやかな方が多いように感じ、安心感がある。ストレスを解消できる場所が住んでいる地域には少ない

◆安全に関する認識の低さ。たとえば工事現場、運転技術の低さなど

◆ミャンマー人スタッフに日本クオリティの受け答えを求めるには相当時間がかかる

◆建物、コンドミニアム、オフィスビルが増えた。MPT［ミャンマー国営郵便・電気通信事業体］のように通信インフラは飛躍的に改善された。しかしミャンマー人の心は5年前のまま。何も変わっていない。良くも悪くも

◆生活のストレスより、仕事のストレスが多い（ミャンマー人スタッフの教育等）

◆人が優しく温かいので思ったより住みやすい

◆ドネーション精神が日本人には受けがたい［心苦しい］。もらってばかりでは申し訳ないと思うが、こちらがあげようとすると遠慮されるのが困る

◆ミャンマー人リパット［海外からの帰国者］やミャンマー人のお金持ちが増えた

❖日本人（邦人）

　進出初期には邦人数も少なく、援助関係者や、企業関係者では先遣隊的性格の一人駐在事務所に派遣される経験豊富な「海外駐在のプロ、

ベテラン」層が主体です。邦人社会内での軋轢も目立たず、ストレスを処理しながら淡々と任務を遂行していきます。そんななかでも、アンケートには「将来、日本人が増えていったら日本人同士のストレスも増えてゆくのではないか」と将来を示唆する声がありました。

　年が進み邦人が増えるにつれ、進出の目的も意欲も多様化してきます。「最後のフロンティア」として有望性を喧伝する報道があふれるなか、個人事業主として一旗あげようと入ってくる人々は、なんとかうまく定着する組と、軌道に乗れず帰国する組が比較的短期間で分かれ、前者は和僑会（華僑をもじって名づけられた）など助け合い組織を立ち上げて定着してゆきます。

　邦人数が2000人を超える2016年から、邦人間の批判がアンケート調査や聞き取りであらわれるようになります。その内容は、仕事のやり方であったりセクハラ行為であったりとさまざまですが、いずれも突然出現したものではなく、それらに邦人社会内で厳しい目を向けるようになったことがうかがえます。邦人社会の規模が2000人を超えるあたりが、邦人間のストレスの転換点となるようです。

【2014年】［＋2年］

◆将来、日本人が増えていったら日本人同士のストレスも出てくるのではないか。いまはそうでもない

◆シニアボランティアは言葉の壁を感じ寂しがるといったことがあるが、JICAが言葉のサポートをしている。いまミャンマーには、初心者はあまりいない。企業にしても、他国で鍛えられた人が先遣隊で来ていることが多い

◆一旗あげようとふらふらしてる若い人は昨年までに大体帰ってしまった。いまいるのは何らかの実業に携わっている人。上海では、募集をすれば定職についていない日本人の若い子が応募してきたが、ここで募集をかけても応募してくる人がいない。なんだかんだ言いなが

ら、みんな何かしらやって食べている

◆現時点でヤンゴンにいる日本人の若手は、心の強い子、つわものだと思う。普通の日本の若い子ならシュンとなるところを、平気でたくましくやっている

【2015年】［＋3年］

◆ローカルと同じ生活（食事や移動手段など）をすると、意外に楽しく、性格的に、日本人に比べて人懐っこいので孤独感を感じにくい。日本人駐在員のみとのつき合いでは、このことに気づく機会がないように感じる。日本人はミャンマーにコミットして生活するか、その逆か両極端に分かれている

◆欲の突っ張った人が日本から来る。ストで取り囲まれビビって大使館に助けを求めた例も。いまさら低賃金を求めてミャンマーにやってくるのはナンセンス

◆日本の反社会的勢力の企業も進出しているともっぱらの噂

◆こちらで転職しローカルとの交流がメインになったが、日本人との交流がなくなった分、気が楽になった

【2016年】［＋4年］

◆邦人数は思ったほど増えていない。日本人会会員数もこう［手で上向き動作］伸びると思ったけれど、こう［少しだけ上げる］だね

◆駐在員をおくコストがアジアで2番目に高いといわれている

◆出張者の自殺案件があった

◆精神障害者保健福祉手帳を持った人が赴任してきたことがあったが、1ヵ月で帰国となった

◆どうしても日本人である以上、日本人として仕事しなければならないことにストレスを感じる。ミャンマーにいるのに日本のやり方をしている日本人、またはそれを押しつけている日本人には残念に思うところがある

◆特に、日本人の相手が大変。ミャンマーにいるのに日本の質を要求される

【2017年】［＋5年］

◆セクハラ行為をここぞとばかりしまくる日本人男性が多いのがストレス

◆日本人コミュニティの狭すぎる問題。しかし、それが合う人が生き残れる

◆ここぞとばかりにセクハラに走る日本人

【2018年】［＋6年］

◆50代で初海外勤務者。工事現場勤務でも女性問題を含めたトラブルが多い

【2019年】［＋7年］

◆為替。ミャンマーチャットの暴落（1／1.5［3分の2］に）で、（邦人を含め）現地採用者のミャンマーチャット建て給料が暴落

◆のんびりしている。生活そのものは不便だが、ストレスは日本より少なく感じる。日本人コミュニティが狭く、そこでのかかわりのほうがストレス

◆日本人村社会の人間関係がストレス。○○さんの家でごはんを食べたら、別の△△さんから嫌われるなど

◆ミャンマーを甘く見ている日本人が多いと思う、最近。車の運転や感染症など、ここは日本ではない！　無保険でくることを控えてほしい

❖帯同家族の子どもを取り巻く環境

　娯楽のない発展途上国の環境では日本人学校やインターナショナルスクールから帰宅すれば、安全に遊べる場がありません。さらに、日本を離れ受験競争に乗り遅れるのではと不安を募らせる親と、少子化

のなか活路を求めて海外進出する塾や予備校業界の利害が一致し、放課後も子どもたちの多忙状態が続きます。

【2015年】［＋3年］

◆邦人子弟の学力レベルもさまざま。シンガポールでは高学歴者が多いので高偏差値校への要請大。マレーシアでは製造業が多く、公立高校に入れれば…という要請

◆日本人学校の子どもたちは、遊ぶことがない。お互い遊びに行き来できる物理的環境にもない。放課後は塾や習い事でずっと勉強。塾の進出あり、東京外大留学生の家庭教師あり

【2016年】［＋4年］

◆学研教室など、塾が各社入ってきている。子どもたちは塾で多忙

| コラム2 | 大人も盛り上がる母の日 |

母の日は、日本では子どもがお母さんの似顔絵を描いたり、カーネーションをプレゼントする日のイメージがありますが、国によっては大変盛り上がる日になっています。たとえばミャンマーでは、小さな子どもはもとより、30代〜50代以上の医師やビジネスパーソンたちが母親とのツーショットやプレゼントを次々にフェイスブックに載せています。筆者のフェイスブックも「いい年のおじさんと老婆の組み合わせ」で埋まってしまい驚いたものです。

日米では5月の第2日曜日が母の日とされていますが、国によって別日程になることもあります。ビジネス上のカウンターパートに、たとえばお母さんへのギフトに使えそうな日本製小物を1週間ぐらい前にさっとプレゼントすれば、ひょっとして、「そのカウンターパートに大きな影響を及ぼす（かもしれない）存在」を味方につけられるかもしれません。母の日の現地での日どりを調べて一度お試しあれ。

個人事業者も士業も広がる

　ある日、ヤンゴン国際空港に降り立った筆者は、度肝を抜かれました。日本人紳士の等身大写真がチェックインバゲージのターンテーブルを見下ろしているのです。巨大な日本語文字が、会計事務所の広告であることを示しています。ミャンマーの日本語情報誌には、会計事務所のほか法律事務所や人材派遣業など個人営業の広告があふれています。

　かつて海外赴任といえば、ある程度以上の規模の企業が中心でしたが今日、中小企業から零細企業にまで、その幅が広がっています。これはグローバリゼーションというだけでなく、取引先企業や親会社の進出にともなうもの、日本国内の需要縮小を受けて起死回生をかけて出てくるものなど事情はさまざまです。企業規模も、従業員10人未満の零細企業はいうまでもなく、究極の零細企業である個人事業主まで裾野は広がっています。

　こうした個人事業主にとっては、情報収集や交渉の面の負担も大きく、福利厚生もありません。そんななかでも、JETROのような公的

機関の支援や、和僑会といった、現地で情報交換や支援を行なう草の根の仕組みができてきたりもします。日本人も華僑や印僑のように根をはったたくましさが見られるようになってきたものの、さらなる支援が求められます。

突然ヤンゴン国際空港ターンテーブル脇に出
現した、日本語の会計事務所の広告

先遣隊の一人駐在

　「最後のフロンティア」と呼ばれる、以前にはほとんど何もないと認識されていた国への進出にあたっては、日本企業の多くは「一人駐在事務所」をまず開設します。そこに配置されるのは、他国で海外駐在を経験したことのある、ある意味「つわもの」と社内で認識されているメンバーが抜擢され、人脈づくりや役所との交渉、本社への報告などの業務にあたります。

　多くの場合、これまでの経験から海外生活を熟知しているので、最初から気負いすぎたり、戸惑ったりすることはあまりなく、メンタル面では問題が比較的少ないようです。しかしながら、以前の赴任国が日本人にとって生活しやすい場所であったり、駐在先が先進国だけだったりすると、そのギャップが大きくなります。また、初期段階では現地の邦人数も少なく、話し相手がほとんどいないことも問題です。仕事が終わって帰宅すると孤独な「所在なき時間」が待っていることから、自宅で独り酒が毎日続けば、アルコールのブレーキが利かなくなる依存症問題、生活習慣病などさまざまな健康問題にもつながってゆきます。

　そのような事態を回避するためには、本社の担当者が常に関心を示し、定期的に連絡をとるなど声かけをしてゆくことが必要です（p.162参照）。

期待先行とNATO、4L

　ミャンマーに対しては、「最後のフロンティア」とメディアで喧伝され注目を集めた日本をはじめ、その他の先進国や近隣国でも同様の関心が寄せられています。現地にはさまざまな国のビジネスパーソンが集まっていることから、現地の人々からは各国を比較しやすい状況にあります。そんななかで進出初期の頃の日本企業や日本人ビジネスパーソンに向けられていた目は、次のようなものでした。

　日本は、ミャンマーとは政治の問題でネガティブなしがらみが少ないことから、日本人はおおむねハンディなしに見られますが、一方でNATOとか4Lという、あまりありがたくない表現を奉られていました。NATOとはNo Action, Talk Onlyの頭文字をとったもので、本国からの視察団がどんどん話を進めてゆく各国に対して具体的な行動が見えてこない日本企業を揶揄したものです。また4LとはListen, Learn, Look, Leave、つまり熱心に見て回るけれど、何もせずに帰ってしまう見学者を意味します。

　日本企業が定着し、それなりの実績が出るようになっても、現地の人の目にはいかにも遅く映るのが日本企業です。その理由としては、稟議書に象徴される意思決定の煩雑さと遅さ、現地派遣者に合理的な権限を与えないこと、幹部層の責任回避、先送り姿勢などがあげられますが、いずれも進出ブーム初期においては不利に働きがちです。いったんエンジンのかかった「最後のフロンティア」に流れる時間は、実は日本国内よりかなり速いのが実情で、それを前提に現地や現地担当者へ権限を付与することが不可欠です。

本社と現地の温度差
スピード感の違いを感じる現地駐在員

　経済発展のギアのかかった「最後のフロンティア」のスピード感には、本社のある日本から眺めると不思議な感じを抱くかもしれません。それまでのイメージとは異なり、現地で流れる時間は日本の数倍は速いというのが実感です。

　なぜ「最後のフロンティア」と表現されるのか。それは「何もないから」にほかならず、そこにあるのは果てしなく広がる農地という牧歌的イメージ、あるいは戦乱や政治的困難が過ぎたばかりの荒れた土地で、だからゆったりした時間が流れているような「気」がするのかもしれません。実際に「最後のフロンティア」と囃されるまでは、（アジア後発国であれアフリカであれ）のんびりした時間が国全体に流れていて、そのイメージどおりの光景を目にしてきました。

　しかし、いったん経済的に有望となったら、一気に先進国や近隣国から投資が流れ込んできます。もともと「何もない」ところであれば、壊すべきものもなければ、説得しなければならない既得権者も少ない（まったくないわけではないが、複雑化した先進国に比べればシンプル）。さらに、流れ込んできた投資の間で熾烈な競争がはじまります。だから、いざ方向性が決まった国の変化スピードは、たとえば毎月のように新たな建物が出現し、毎年のように新たなランドマークが登場するということになります。街の様子を１年間隔で撮ってゆけば確実に変化のスピードを可視化できます。

　問題はこのスピードを日本国内にいてはなかなか実感できにくいことです。たとえば現地のコンペで何ヵ国かの企業が競うなか、ようやく一頭抜き出たところで本社に掛け合っても、なかなか認可が下りない、そのうちに中国企業や韓国企業が条件を変えてきて、結局とられ

てしまい歯ぎしりをする、「この切迫感が日本の本社にはわからなくて」と、いまだ多く語られ耳にするところです。この時間的意識改革は待ったなしといえましょう。

　一方で、雇用した一般社員・労働者たち、あるいは官庁の下級公務員たちは、のんびりペースのままで動きません。現地でのアンケートでは、「決めたことが守られない」「日本とミャンマーは違うことを認識してほしい」「日本では絶対に起こらないストレス要因がある」「業務指示が伝わらない」など、対応に苦慮する声が聞こえてきます。

　このような状況にたとえられるのが、日本の明治維新です。世の中がガラリと変わるとき、日本史の教科書に登場してくるような人物が先見の明を遺憾なく発揮し八面六臂の大活躍をする一方で、普通の人々は揺れつつも変わらぬ時間感覚を共有していました。したがって、「最後のフロンティア」に社員を送り出す本社側は、意思決定は極力シンプルに、かつ速くし、現地で時間の速さのギャップに挟まれる社員にも思いをはせるという二重の向き合い方が必要になるのです。

コラム3　汚職指数の高い国での対応方針が本社にあるか

　腐敗認識指数（Corruption Perceptions Index：CPI）が政府や政治家、公務員の腐敗度を評価する指数として注目され、メディアでも報道されています。スコアが高いほど腐敗度は低いことを表わし、欧州がトップグループ、その下に日米などが続きます。下位にはアフリカ、中近東、中南米にアジア後発国が入ってきます。つまり、「最後のフロンティア」と囃される国々は、もともと腐敗度の高いグループである確率が高いのが実情です。

　経済発展のなかで外国からの投資を呼び込むには透明性が大切だと認識できるようになると、法制度が整備され公務員改革などが動き出し、それらが完成する頃にはメジャーな進出地のひとつとなっています。だから「最後のフロンティア」進出時には、非公式ともいえる不透明な慣習にどう向き合い、どう対応してゆくのか、あらかじめ本社側も理解して方針を立てておく必要があります。実際に途上国や新興国で駐在員に話を聞くと、この場面でこうしなければならないのに本社が理解しない、前に進まない、そのうちに他国に案件をとられてしまった、などの嘆きの声をしばしば耳にします。

国民性だってどんどん変わる

　これまで未知とされてきた国に足を踏み入れるとき、現地の人々がどんな考え方をしているのか、どんな行動をとりがちなのかを考えてみると、われわれ日本人のステレオタイプとはしばしば異なるものであり、またその国の発展段階によっても変わってゆくものであることがわかります。

　ミャンマーの軍事政権が終焉し、進出の有望性が語られはじめた初期、2012年頃に入手可能だった成書にはおしなべて、ミャンマー人は「控えめで実直、金銭欲は少なく、親日的。英語が通じて、よく働く人々である」と書いてありました。企業進出が本格化する以前のミャンマーに繰り返し訪れるのは、ミャンマーを研究する学者か、ミャンマーに魅せられて通い詰める「ビルメロ」と通称されるマニアックな人々でした。その筆によるミャンマー人像は自然と美しく理想化されたものになります。

　進出がはじまったのち、2014年頃から、アンケート調査のストレス要因に「ミャンマー人」を選択する割合が増えはじめます。聞き取りでは、「突然、大家がやってきて来年から家賃を倍額にあげると言ってきた。あまりにひどいではないかと言ったら、出ていってくれとにべもなかった」といった拝金的な出来事が語られたり、「職場のスタッフで酒を飲んでいたら現地スタッフ同士が突然投石の喧嘩をはじめて呆気にとられた」など、当初のイメージと異なる、目の前の現実に戸惑う声が聞かれました。

　一方で、一定程度の経験が蓄積するにつれ、情報がないこと、限られた情報との乖離によって受けるストレスが減ってきたのか、2016年の調査では、「ミャンマー人」をストレス要因にあげる割合が減り

ます。しかし2017年になると再び、「ミャンマー人」をストレス要因としてあげる割合が増えてきます。これは在留邦人数が2608人に、ミャンマー日本商工会議所会員企業数が369社に増加し、ティラワ工業団地の第Ⅰ期分がほぼ売り切れる時期に一致します。すなわち、ミャンマー進出が先遣隊的な段階から本格化して裾野が広がるにつれ、海外生活初心者や海外生活を想定しない人生を歩んできた層がボリュームアップし、目の前の「初めて仕事で接する外国人」に戸惑う人々が出てきたことが考えられます。

　この段階に至ると、現地人の行動様式・思考様式について、文化人類学的視点からの情報を効果的に集め進出企業や海外赴任者にタイムリーに提供する仕組みが求められます。

　場面は異なりますが、2014年に西アフリカのリベリア、ギニア、シエラレオネでエボラ出血熱が流行したときに、隔離施設に収容した感染者を家族親戚が押しかけてきて「奪回」したり、犠牲者の遺体を葬儀でたたいたり清めたりする風習を介して感染が広まったことが報告されました。この教訓から、2018年のコンゴの流行では、対策チームに文化人類学者を入れて（正確には2014年流行でも後期から入れている）、その対策に役立てました。日本のビジネスパーソンの「最後のフロンティア」進出にあたっても、国策として文化人類学者と協働して知見を伝えてゆくことが必要ではないでしょうか。

突然虫食いがなくなり美しくなる？
野菜のカラクリ

　海外生活の懸念でトップにあがるのが食の問題です。かつては、中国製輸入食品の事故などが報じられたりしましたが、実情はどうなのでしょうか。「経済発展がある段階に達すると、突然野菜がきれいになる」事象が見られています。発展前は、野菜の葉は虫食いだらけ、キャベツに虫がついていることも普通で、寄生虫対策として塩素系消毒薬（Milton、あるいはフランス語圏なら Javel で通じる）を薄めたものに一定時間浸すことは、外国人の間では一般に知られています。しかし、ある日を境にマーケットの野菜から虫食いが姿を消し、青々としたきれいな野菜が並ぶようになります。しかし、そこには農薬・殺虫剤の大量使用のからくりがあるのです。

　ミャンマーでは2015年頃から、農薬の大量使用が見られるようになりました。経済発展とともに、特に発展途上国では中国製農薬がどんどん入ってきます。しかしラベルが漢字で書かれているために読めず、使用量は濃いめの適当な量になってしまい一定しないというのが現地の声としてあがっています。一方で、経済が発展し富裕層からの需要が出てくると、農薬を使わない野菜を高値で売る仕組みができてくることもあります。有名なのは中国の「緑色野菜」で、キャベツ一玉が1000円とも2000円ともいわれます。駐在者の安全を考えれば、その前提で手当を支給すべき、ということになります。

　水質の問題にも注意を向ける必要があります。ヤンゴンの邦人間では、空心菜に気をつけようと広く語られています。中華料理に人気の空心菜の空洞部に工場廃液が入り込み汚染されているのです。

　発展段階に応じて、「寄生虫・食中毒」から「農薬・工場廃液」へと主題は変わっていく点がポイントです。

第**2**章
メンタルヘルス

企業進出の発展段階とストレス要因

　これまで国際社会から注目されず、企業進出がほとんどなかった場所に、世界各国からの進出の波が生じるとき、そこで働く人々のストレス環境は、経済発展や社会の変貌とともにどう変わるのでしょうか。本章では、現地日本人社会での軋轢なども含め、その推移を紹介します（第1章同様、軍事政権が終了し投資の視点が見られはじめた2012年を起点とした経過年数を、西暦とあわせて表示）。

　【2014年】［＋2年］

　2011年に軍事政権が終了し翌年から「ミャンマー詣で」と称される視察ブームがはじまります。先行する企業が一人駐在事務所を開設して様子見だった最初期のストレス要因は、インフラの不備に起因するものが多く、特に通信インフラの不備をストレス要因としてあげる割合の高いことが目を引きます。国際社会から放置されてきた場所では生活インフラの不備、なかでもインターネットがつながらなかったり著しく遅かったり、切れ切れになったりというギャップが大きなストレス要因になります。

　現地人がストレス要因として認識される割合も高く、進出当初は現地人の文化的要因、ものごとの解釈の仕方や勤労観念など、つき合い方に関する情報が不足し、現地人を前に戸惑う姿が見て取れます。

　【2015年】［＋3年］

　2014年同様に、ストレス要因としてインフラ関連が目立っていますが、通信インフラは減少していきます。少しずつインターネット事情改善の兆しが見られはじめますが、まだ過半数の人がストレス要因としてあげています。

図表2-1 ［＋2年］のストレス要因

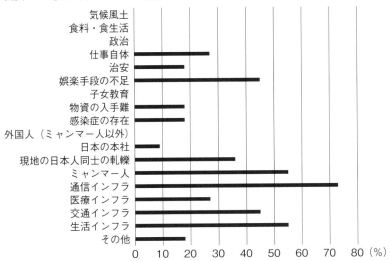

図表2-2 ［＋3年］のストレス要因

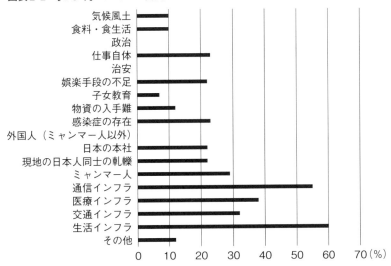

【2016年】［＋4年］

　2016年になると、ミャンマー日本商工会議所の会員企業数も348社まで増えてきます。そのなかで目立つのが「ミャンマー人」をストレス要因としてあげる人が減少していることです。2014年当初、現地人の行動パターンや思考様式がわからず戸惑っていたものが、その後、直面するさまざまなトラブルや労働争議の経験の積み重ねが、日本人社会の口コミなどを通じて共有され、対処するノウハウも蓄積されてきます。労働争議を扇動するタイプや履歴についての情報が共有され、その傾向が見られる人物は最初から採用しないと明言する声もありました。進出初期に派遣された海外勤務ベテラン層はいち早く現地人気質や行動パターンを把握していく様子も見て取れます。

図表2-3　［＋4年］のストレス要因

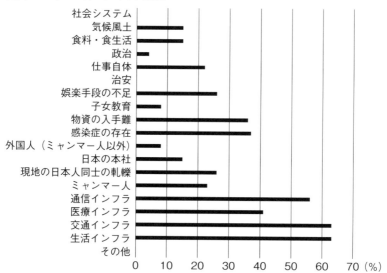

【2017年】［＋5年］

　医療インフラ（の不備）をストレス要因にあげる人が増えてきます。日本人医師が診療を開始するなど（ビクトリア病院内LEOメディケア）、改善の兆しはあるものの、進出の本格化によって海外生活初心者の赴任も増えたため、日本と大きく異なる医療水準を目にして医療インフラに不安を募らせた結果かと思われます。

　物資の入手難をあげる割合は減少傾向を示します。これは大規模ショッピングセンターが相次いで開業し、輸入物資が豊富に手に入るようになってきたことも要因としてあげられます。

　現地の日本人同士の軋轢をあげる人が一定割合を占め、自由記述でも目立つようになってきたのは、邦人数の増加とともに、海外生活の経験値や属性、価値観が多様化していることも一因ですが、生活のなかで常に日本人の姿が目に入るようになると、お互いに監視したり噂を流したり派閥ができたりと、中規模以上の日本人社会で見られる事象があらわれているのかもしれません。

【2018年】［＋6年］

　インフラ関連をあげる人が依然として多いながら、通信インフラの割合はぐっと減っています。経済発展とともに、インターネットの整備が格段に進み、数年前とは通信環境が様変わりしていきます。交通インフラが少し減っているのは、立体橋の完成やバス路線の整理などの施策が奏功し、停留所ごとの停車がつくりだす渋滞が緩和されたものと思われます。

　民間だけではできない大規模インフラの整備は、ITに比べ時間がかかり改善は遅れますが、それでも「モノ」に関する事柄は時間をかければ着実に解決へと向かいます。

【2019年】［＋7年］

　通信インフラ要因が一層減少する一方で、日本を源とするストレス

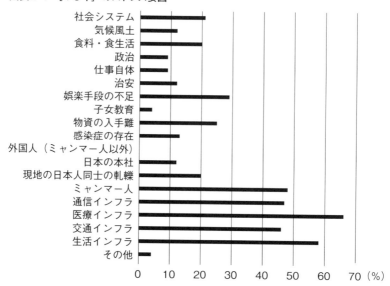

図表2-4 ［＋5年］のストレス要因

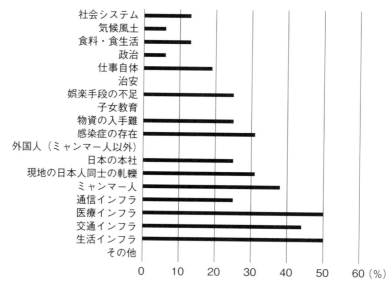

図表2-5 ［＋6年］のストレス要因

（日本の本社、現地の日本人同士の軋轢）をあげる割合が増えるなど、前年に見られた傾向がさらに顕在化しています。また、日本国内にいるのと同じ感覚で完璧を求める人や、ハラスメント行為を繰り返す人と、現地感覚に適応し理解を示す人々の間で価値観のぶつかり合いも見られます。

　進出が本格化し時間が経過した、この頃の課題は、海外生活初心者の増加と、日本人社会の規模に起因して生じる軋轢であり、これを赴任者にどう情報提供してゆくか、価値観のぶつかり合いをやり過ごすノウハウなども求められ、これは日本の本社側も特に意識すべき点です。

図表2-6　［＋7年］のストレス要因

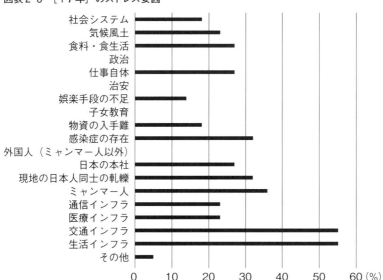

発展途上国へ進出するということ
日本人社会の規模で異なる、つながり方とメンタル要因

　筆者の経験では、現地日本人社会の規模が200人程度までであれば、ほぼ全員が顔見知りで雰囲気の良いことが多いようです。日本国内にいれば、この程度の人数となると、たとえばマンションの住民同士のようにお互いに話したこともないということは、おこりえます。しかし海外では、大使館のパーティー、日本人会などで知り合うチャンスが多くあるからです。一部例外はあるものの、日本人在住者数が僅少な国は、小規模な国や発展途上国が多く、そこでは生活条件が過酷なために、みなが助け合い、仲良くしなければ生きてゆけないという側面が大きいのです。たとえば砂嵐や暑熱、感染症、頻回の計画停電などに対処するには密な情報交換が必要です。食料品など日常生活物資を手に入れるにも、先進国と異なり、スーパーやコンビニに駆け込めば何とかなるということもありません。公共交通機関も安全性や治安の面から利用しづらく、お互いの私用車に乗り合うのが通常で、自然と助け合いモードになります。またそのような国へは、海外赴任を経験しているベテラン社員を派遣する会社も多く、彼らが醸し出す余裕も比較的良い雰囲気を形づくるもととなっているようです。

　一方で、現地日本人社会の規模が数千人になると、その国自体がビジネスの対象と認められる程度には発展しており、生活インフラもある程度整備され、助け合わなければならないほど切迫もしていません。そのなかで、相性のよくない人とも高い確率で遭遇し、また日本人同士で監視的行動に走ったり、同胞の行動が気になり批判的になったりということも生じてきます。

　さらに進み日本人社会が万単位になると、顔を合わせたくない人とはかかわる必要もなくなり、対日本人ストレスは減少してゆきます。

不動産広告に載る「日本人率」の深いワケ
住居選びのポイント

　現地日本人社会での情報源のひとつに、日本語情報誌があります。インターネットの発達にもかかわらず、在留邦人数が一定の規模以上の都市では、おおむね複数の日本語情報誌が発刊されています。そこには、日本食レストランや日本語の通じる医療機関情報と並んで、不動産広告も豊富に掲載されています。

　筆者が北京在勤中に目にした賃貸マンションの広告には、広さや築年数、主要地点からの距離といったお決まりの情報に加えて、「日本人率」が表示されていました。それが100％なら、そのマンションには日本人ばかりが住んでいることがわかります。30％台なら、欧米人や現地富裕層などがバランスよく住んでいることがうかがえます。

　では、なぜ日本人率が表示されるのでしょうか。それは、日本人がその任期中に、同じ都市内で転居する需要があるからです。これは残念な事実ですが、日本人が海外で日本人村を形成するなかで、相互監視的に行動したり、派閥を形成して他人を中傷したりということもよく見聞きされます。いつ、どこに、だれがいたかを近所中の日本人が知っていたり、日本人学校に通うスクールバスの割り振りに対する不満をぶつけられたり…。そんなことが続き、嫌気がさして市内で転居しようと考える人の需要を狙った広告です。

　日本人率が30％ぐらいの建物を選んで入ると、狭い日本人社会からしばし解放され、なにかと落ち着くとの声も耳にします。そのような事情を、送り出す駐在員に住宅選定時の参考情報として伝えることも、メンタルヘルス対策の一環として有効です。

異文化への適応パターン

　国境を越えて異文化に飛び込むと、多くの人が共通した適応パターンをたどります。それが、移住期⇒不適応期⇒諦観期⇒適応期です。

　移住期は、現地に着任してすぐの時期です。前任者に空港で迎えられ、右も左もわからないうちに当座の滞在先となるホテルに入り、翌日から挨拶まわりや引き継ぎに忙殺されつつ業務を把握してゆきます。生活の立ち上げに際し、やらなければならないことも山積しています。銀行口座の開設にはじまり不動産業者の説明を聞きながら住居を探し、電気、ガス、電話、ネット回線、水回りの整備や手配に早急に取りかかります。加えて、使用人（現地のインフラ事情によっては家事補助者はもとより、運転手からガードマン・調理人や庭師まで雇わなければ日常生活もまわらない）の面接や雇用契約締結、帯同家族がいれば日本人学校もしくはインターナショナルスクールの入学手続き、場合によっては塾の手配などもあり、あっという間に時間が過ぎてゆきます。

　こうした時期は、意外にストレスの「自覚」は少なめです。しかしここで張り切りすぎてしまうと疲れを残すこともあるので、初日からアクセルをふかしすぎないほうがよいでしょう。送り出す本社サイドからは、着任早々から張り切りすぎて疲れをためないよう、多少セーブすることをアドバイスします。

　着任から数ヵ月が経ち、ビジネスの立ち上げがひと段落する頃に、それまで目に入る余裕のなかった、現地の違和感や日本の常識との違いなどが意識にのぼってきます。メンタルヘルスで不適応期、あるいは不満期と呼ばれる時期です。ビジネス習慣の違いはもとより、治安や時間の観念、そして現地人が動くペースさえも、「生産性」の呪縛

にとらわれている昨今ならストレスに感じるかもしれません。自宅に帰っても、使用人が床掃除の雑巾と食卓の台布巾を分けずに共有しているのをたまたま見つけたり、電話での声のボリュームが一定ではない（たぶん盗聴）ことに気づく、といった諸々で頭のなかがいっぱいになってしまいます。身体的にも、肩こり、腰痛、不眠をはじめとして、疲労が蓄積し不調を訴えがちです。

　そんな、思うにまかせぬ自分と比べ、同僚や同業他社の駐在員がいきいきとした表情でパフォーマンスをあげている（ように見える）姿を目にすると、自分は劣っているのではないか、この仕事やこの国に向いていないのではないかとまた落ち込む…、という辛い時期が訪れます。そのような時期はだれもが経験すること、そして、その後に諦観期を経て適応期がやってくることを、ぜひ事前に知っておいてください。

　そのような時期があることを、あらかじめ知っていれば、何かパフォーマンスがあがらない、これぐらいでグッと疲れる、といったときに「きたぞ、きたぞ」という気持ちで、アクセルを少し戻すぐらいの対処がしやすくなります。

　筆者はセネガル勤務時代に、大使館へ着任挨拶にこられる青年海外協力隊の隊員たちに必ずこの話をしていました。半年周期で年に２回、着任者がある協力隊では、常に半年単位で滞在期間の長い先輩がいます。その先輩と比べると自信が揺らぐという事態を多少なりとも緩和するために、程度の差はあれ、だれもが不適応期に悩み、その後に適応期がくると強調したものです。

　海外へ駐在員を送り出す本社側は、海外赴任者研修時にはぜひ、不適応期の対処を伝え、またその時期には、業務や休暇で帰国する機会をつくって健康チェックとあわせてフォローしてください。

（参考文献：稲村博『日本人の海外不適応』）

現地人がストーカーと化するメカニズム

　「現地の人に言い寄られた」「どこかに連れて行かれそうになった」「バスに乗ったらかなりの確率で痴漢に遭遇する」。現地に駐在する邦人女性が直面する、男性には見えてこない現実です。日常的に性犯罪や凶悪犯罪が発生しているわけでもない、どちらかといえば治安が良いとみなされている国で、こういった事象がなぜおこるのでしょうか。

　ひとつの要因に、宗教の違いがあります。イスラム教の国々では同じイスラム教徒に淫らなことをすれば厳罰に処せられます。そうした「人間による罰」以前に、アラーの神様の見ているところで性犯罪を行なえば、強い罪悪感にさいなまれます。しかしその抑止力が、異教徒の女性に対しては機能しない男性がいるのも事実です（もちろん個人の資質は大きい）。そのため、異教徒だからという理由で気軽に接近して接触行為に及ぶ、ということが生じえます。

　良好な治安を誇り、敬虔な仏教国においても、顔見知りの男性に拉致されそうになった、路線バスに乗ると高い確率で痴漢に遭遇する、などからは、「異邦人＝いつかいなくなる人」という感覚が透けて見えてきます。そして、そのような感覚を否定しきれないことなどが絡み合って発生しているようです。

　被害に遭わないためには、職場の同僚や信頼できる人などに同伴してもらう、避けたほうがよい場所を把握しておく、などが必要です。日本人会などにも情報があります。こうした事象は個人の資質に大きくかかわり、親日的か反日的かはあまり関係しません（親日的だから日本人に痴漢行為をしないとはいえない）。会社側は赴任前研修でこうした現実を伝えておきましょう。

時間の感覚の違いでおこる、良いこと悪いこと

　現地でのアンケートには、しばしば次のような記述があります。

◆ミャンマー人スタッフは日本クオリティの受け答えを求めるのに相当の時間がかかる

◆業務指示が伝わらない

◆ミャンマー人の気質、国特有の事情により仕事が遅れる

◆仕事が進むスピードがきわめて遅い

　いずれも、現地で雇用したスタッフが、こちらが期待した速度で動いてくれなかったり、繰り返し教えるわりにはスキルアップが遅かったりということを意識した記述です。

◆生活のストレスより仕事のストレスが多い（ミャンマー人の教育）

◆ミャンマーは日本とさまざまなことが大きく異なる。日本の感覚では理解できないことを、（本社は）わかってほしい

　現地人の動く速度が日本の感覚からすればかなり遅いことに日々対応しながらぎりぎり頑張っていることが、日本の本社にいて、生産性、生産性とお尻を叩くだけの人には理解されない、という悩みが透けてきます。時間の感覚の違いは、一概に日本だからミャンマーだからということでなく、場面によっても異なるのが悩ましいところです（必ずしも遅いばかりとは限らず、日本より速くなることもある）。そこで、本社から現地に出張する際などは、現地人スタッフの仕事ぶりを意識して観察してください。ある東証一部上場企業の社長は、ミャンマーに来ると現地人従業員の食堂に赴き、食事を共にするそうです。そこで得られる感覚や情報は大きいと話していました。

引っ越し荷物に忘れてはいけない娯楽道具

　海外赴任が決まったら、引っ越し荷物に何を入れるか。仕事で必要なもの、ビジネスのパートナーへのちょっとしたプレゼント、子どもの教育図書…、さまざまなものが思い浮かびますが、忘れがちなのが「娯楽道具」です。これが現地でのメンタルヘルスに大いに影響します。否応なく多忙を極め時間がフルスピードで流れてゆくオフィスアワーとは対照的に、プライベートでは意識して準備しなければ、「所在なき時間」が過ぎていくばかりです。

　発展途上国に共通の要素として、（一般的な）娯楽の欠如があげられます。日本ならば当たり前のようにある、仕事帰りや週末にちょっと立ち寄れる場所は、あったとしても治安が悪く、身の安全が保証されなかったり、衛生的に問題が大きく感染症のリスクに直接さらされたりします。たとえば筆者が駐在したアフリカのある国の映画館では、ゴキブリが飛び回っていました。こうした途上国共通の「娯楽がない状況」が毎日のように続いた先には、アルコール問題が口を開けて待っています（p.80）。

　娯楽道具といえば、伝統的には釣り具、ゴルフ用品、テニスラケットなど、最近では性能のよいパソコン（ゲーム用含む）などでしょうか。電子書籍とは別に持って行った「紙の本・雑誌」の貸し借りを通じて交流の幅が広がるのは、海外生活独特のメリットかもしれません。ジャカルタやバンコクのような大都市には日本語書店もありますが、「最後のフロンティア」には皆無です。Amazonの配達網もない国が多いのが途上国の実情です。日系企業進出の初期では現地の人的ネットワークづくりも思うに任せませんから、一人で時間を過ごせる体勢を整えておくことが、メンタルヘルスを大きく左右します。

コラム4　ユニークなストレス解消手段

　「最後のフロンティア」で生活するには、何がストレス解消手段として機能するでしょうか。アンケート調査で多くあげられるのは、インターネット、国内旅行、国外旅行、飲酒（独り酒、大勢での飲酒）です。数は少なくなりますが、カラオケやゴルフ、風俗という回答もあります。ユニークなのは、自由記入欄に記された方法です。

　「瞑想」は、寺や僧院に出かけていって、現地人と一緒に瞑想の世界に入るというものです。こうした、現地の宗教施設に入って行き、交わることができるのは、仏教やキリスト教のように外来者を受け入れてくれる組織に限られますが、さらに一歩踏み込んで、僧院で日本語教室を開いている例も見られます。

　「映画製作」は、もともと日本や欧州で経験のあった人ですが、現地人から出演者を募りオーディションを実施してと、本格的です。

　「服の仕立て」もあります。布地は世界各地の文化を反映してユニークなものが多く見られます。民族衣装に使われる布地を現地で購入し、普段着のほか、バッグ、ネクタイ、小物類などに加工して店を開いた人がいました。

　「ヨガ」もアジアでは一味違った本場テイストが練習できたりします。

　「僧院に行く」「気功をする」も現地の文化やインフラを利用するもので、そうした場で自分の成長を見つめるのはリッチな時間ともいえるでしょう。

　こうした、その地の文化にまつわるユニークな趣味は、身近な現地の人々に教えてもらいはじめる方法もありますが、地元の日本語情報誌などに特集が組まれることもあります。ぜひ楽しみたいものです。

ストレスチェックは海外赴任者にも必要か

　2015年に施行されたストレスチェック制度は、海外赴任者にも必要なのでしょうか。労働安全衛生法のうえでは、企業の海外支社も同法人も対象ですが、合弁などで別法人であれば義務としては規定されていません。しかしそれは、法律が規定する最低レベルの基準にすぎず、メンタルヘルス管理のうえからは実施対象に含めるのが望ましいでしょう。

　図表2-7に、ストレスチェックで用いられることが多い「職業性ストレス簡易調査票 57項目版」を示しました（ 検索ワード 職業性ストレス簡易調査票 57項目版）。高ストレス者の判定に用いられるのは「心身の反応」「心理的負荷」「周囲からの支援」の３領域ですが、限られた人員でまわさなければならない海外業務では負荷も多くなり支援も限られたものになりがちなことから、実情を把握する必要性は国内勤務以上に高くなります。

　ストレスチェックはおおむね、どこの健診会社でも対応可能です。また、集団分析といって、一定の集団ごと（課ごと、支店ごとなど）にストレスレベルを比較することが法令上では努力義務と規定されていますので、これで「○○国支店」「○○法人」でのストレスレベルが他部署に比べて著しく高い、などが把握できれば対策が絞れることからメリットは大きく、ぜひ有効に活用していきたいものです。

図表 2-7　職業性ストレス簡易調査票 57 項目版

A　あなたの仕事についてうかがいます。最もあてはまるものに○を付けてください。

	そうだ	まあそうだ	ややちがう	ちがう
1. 非常にたくさんの仕事をしなければならない	1	2	3	4
2. 時間内に仕事が処理しきれない	1	2	3	4
3. 一生懸命働かなければならない	1	2	3	4
4. かなり注意を集中する必要がある	1	2	3	4
5. 高度の知識や技術が必要なむずかしい仕事だ	1	2	3	4
6. 勤務時間中はいつも仕事のことを考えていなければならない	1	2	3	4
7. からだを大変よく使う仕事だ	1	2	3	4
8. 自分のペースで仕事ができる	1	2	3	4
9. 自分で仕事の順番・やり方を決めることができる	1	2	3	4
10. 職場の仕事の方針に自分の意見を反映できる	1	2	3	4
11. 自分の技能や知識を仕事で使うことが少ない	1	2	3	4
12. 私の部署内で意見のくい違いがある	1	2	3	4
13. 私の部署と他の部署とはうまが合わない	1	2	3	4
14. 私の職場の雰囲気は友好的である	1	2	3	4
15. 私の職場の作業環境(騒音、照明、温度、換気など)はよくない	1	2	3	4
16. 仕事の内容は自分にあっている	1	2	3	4
17. 働きがいのある仕事だ	1	2	3	4

B　最近1か月間のあなたの状態についてうかがいます。最もあてはまるものに○を付けてください。

	ほとんどなかった	ときどきあった	しばしばあった	ほとんどいつもあった
1. 活気がわいてくる	1	2	3	4
2. 元気がいっぱいだ	1	2	3	4
3. 生き生きする	1	2	3	4
4. 怒りを感じる	1	2	3	4
5. 内心腹立たしい	1	2	3	4
6. イライラしている	1	2	3	4
7. ひどく疲れた	1	2	3	4
8. へとへとだ	1	2	3	4
9. だるい	1	2	3	4
10. 気がはりつめている	1	2	3	4
11. 不安だ	1	2	3	4
12. 落着かない	1	2	3	4

13. ゆううつだ ————————————————————— 1　2　3　4
14. 何をするのも面倒だ ———————————————— 1　2　3　4
15. 物事に集中できない ———————————————— 1　2　3　4
16. 気分が晴れない ————————————————— 1　2　3　4
17. 仕事が手につかない ———————————————— 1　2　3　4
18. 悲しいと感じる ————————————————— 1　2　3　4
19. めまいがする ——————————————————— 1　2　3　4
20. 体のふしぶしが痛む ———————————————— 1　2　3　4
21. 頭が重かったり頭痛がする ————————————— 1　2　3　4
22. 首筋や肩がこる ————————————————— 1　2　3　4
23. 腰が痛い ———————————————————— 1　2　3　4
24. 目が疲れる ——————————————————— 1　2　3　4
25. 動悸や息切れがする ———————————————— 1　2　3　4
26. 胃腸の具合が悪い ————————————————— 1　2　3　4
27. 食欲がない ——————————————————— 1　2　3　4
28. 便秘や下痢をする ————————————————— 1　2　3　4
29. よく眠れない ——————————————————— 1　2　3　4

C　あなたの周りの方々についてうかがいます。最もあてはまるものに○を付けてください。

	非常に	かなり	多少	全くない

次の人たちはどのくらい気軽に話ができますか？
1. 上司 ————————————————————— 1　2　3　4
2. 職場の同僚 ——————————————————— 1　2　3　4
3. 配偶者、家族、友人等 ——————————————— 1　2　3　4
あなたが困った時、次の人たちはどのくらい頼りになりますか？
4. 上司 ————————————————————— 1　2　3　4
5. 職場の同僚 ——————————————————— 1　2　3　4
6. 配偶者、家族、友人等 ——————————————— 1　2　3　4
あなたの個人的な問題を相談したら、次の人たちはどのくらいきいてくれますか？
7. 上司 ————————————————————— 1　2　3　4
8. 職場の同僚 ——————————————————— 1　2　3　4
9. 配偶者、家族、友人等 ——————————————— 1　2　3　4

D　満足度について

	満足	まあ満足	やや不満足	不満足

1. 仕事に満足だ ——————————————————— 1　2　3　4
2. 家庭生活に満足だ ————————————————— 1　2　3　4

出所：厚生労働省 HP

メンタル不調者は日本へ帰国させるべきか

　海外勤務者にメンタル不調が発生したらどのような対処をすべきか。この点は、講演のあとで質問を受けることも多く、企業共通の悩みです。

　「日本に帰国して治療を受けさせる」。これが不動の原則です。メンタル不調において、その治療はもちろん、診断やフォローアップにおいても母国語による治療が不可欠です。

　たとえば、「私は気分がすぐれません。なんだか頭にもやがかかったような感じで、いまの仕事で迷惑をかけるような気がします。それを考えると胸が締めつけられる思いでいたたまれません。私は、本当に役に立たない存在です」というのは初診でもよく耳にする主訴ですが、これをニュアンスを含めて、外国語で正確に外国人診察医に伝えられる人は少ないでしょう。仮にそれが伝えられたとして、通院を続けるうちに、「少し動けるようになってきたけれど、仕事のなかで取引先と渉外はできそうな気もするけれど自信がない」となった状況を正確に伝えられるでしょうか。日本の文化や考え方を前提に考えると、会社に迷惑をかけることが先に思い浮かび、自分の状態は小さく遠慮がちに伝えることが多いのではないかと推察されますが、それを聞いた現地の診察医は、症状の８割がたは回復したと判断してしまうかもしれません。

　日本の医療現場では、こうした文化の違いはすでに織り込んだ状態で話を聞いてくれますが、異文化のなかでは、自分の感じているそのままを筋道立てて説明しなければならず、それ自体で疲れてしまうという声が長期在住者からも聞こえてきます。また、日本風に症状を過小に伝えたことで、処方薬の（不適切な）調整があったり、場合に

よっては症状悪化という事態にもつながりかねません。筆者の海外勤務時代の同僚に、「言葉の通じない医師に診てもらうのは獣医に診てもらうのと同じである」と喝破した人がいましたが、けだし名言です。

　なお、メンタル不調であっても、業務の都合でどうしても現地にいてもらわねばならないときにはどうしたらいいのでしょうか。状態が安定していなければ、それでも帰国させなければなりませんが、一定の安定が見られるときなどは、現地で薬を処方してもらい服薬継続という方法もありえます。その場合、赴任前に日本の主治医に書いてもらった紹介状や服薬中の薬の情報などを現地の診察医に見てもらってください。

●●●事例1　現場で立ちくらみを繰り返す工場長
〜ストレスが原因とは限らない

　A国に赴任して半年、厳しく凍てつく冬も終わり、春がきてほっとした頃、工場を巡視しながらふとめまいを感じました。大したことないだろうと気にもとめずにいましたが、翌日以降もめまいを感じるときがありました。工場では増産に次ぐ増産を日本の本社から命じられる一方で、質の高い労働者の採用はむずかしく、さらに新しく導入した機械のトラブルに見舞われる等の状況にありました。

　ある日、最近導入したばかりの機械の調子がおかしいのでのぞき込んでいると強いめまいに襲われ、あわやベルトに挟まれるところを現地人の職長に引っ張られ、事なきを得ました。事態を重く見た本社からの指令で一時帰国し、専門医に診てもらいましたが、メンタル不調に該当する症状はないとの診断でした。しかし帰国して工場のストレスフルな状況を離れてもなお、めまいは継続します。

　たまたま産業医が、降圧剤が2種類、処方されていることに気づき、血圧を継続的に測定したところ、午前中に血圧が大きく下がっている

ことから低血圧が原因とわかりました。産業医から主治医に連絡して
もらい、症状が改善されました。

●●● 解説

　さまざまなストレス状況が重なっていることから、メンタル不調を
疑われていたケースです。しかし服用中の降圧剤投与と時間的に符合
することから低血圧と診断されました。おそらく気候が温暖になるに
つれ、服用している降圧剤が相対的に強くなってきたものと思われま
す。このままメンタル疾患を疑いアプローチを続けていたら、回復も
遅れるところでした。服用中の薬を確認することは必須です。

●●● **事例2　前任者がカメラで監視していると言うけれど…**

　30歳女性。X国に着任して1週間後、就業時間中に自宅から職場
に電話をかけてきて「いま住んでいるところを出たい。前任者から引
き継いで住むことにしたけれども、各部屋に隠しカメラが仕掛けて
あって、私の行動が逐一記録され監視されています。昨日も、自宅で
○○案件を考えていたら、すかさず前任者からメールが届きました。
私のことを見張っている証拠です。どう思いますか？」。切羽つまっ
た内容です。

　慌てた支店長ら2人が自宅に駆けつけると、本人は思いつめた硬い
表情で、監視されている苦しさや、自分の身の安全が脅かされている
ことを切々と訴えました。話しているうちに、「いっそ死んだほうが
…」などという発言までみられます。驚いた支店長は、その場で日本
の家族に連絡をとって事情を聴くも、過去にそのような言動はまった
くなく、妄想的な発言もないとのことで、驚くばかりでしたが、職場
近くにあるプライマリケアの診療所を受診させることとして同伴しま
した。

　診察の結果、明らかな妄想があるので精神科に一時入院させ薬物療

法を受ける必要があると説明を受け、紹介された精神科病院に入院するとともに、日本の家族と相談し、同伴して帰国後、日本で治療を受けてもらうこととしました。帰国して実家のある地元の精神科病院に１週間ほど入院すると妄想的な考えも姿を消し、まとまった行動をとれるようになりました。

●●●解説

　一過性精神病性障害（短期精神病性障害）というもので、急激な変化と強いストレスのかかったときにおこることのある状態です。激しい妄想や幻覚などがおこり、その場面だけを見れば統合失調症などの精神病と誤解しがちですが、日本の環境に戻れば比較的短期間で回復する点が異なります。海外赴任による急激な環境変化などによって発症する場合があり、日本の環境に戻すことが治療になります。

治療分断

　日本にいたときは外来通院で服薬治療を受けていたものが、海外に転勤したら受診もおっくうになり、日本から持参した薬も飲み切り治療が中断している、という状態になることはおこりがちです。本来、メンタル不調で通院する場合、母国語での診療が必要であり（p.69）、海外赴任、なかでも発展途上国勤務はのぞましくありませんが、社内事情等やむをえずという場合には服薬が中断しないように手配しなければなりません。多くのメンタル系の医薬品は症状が目立たなくなっても長期間継続して服用する必要があり（ただし抗不安薬や睡眠薬など症状がなくなれば減薬を経て服薬終了がのぞましいものもある）、服薬中断が症状の再発につながることも多々あるからです。

　ここでネックになるのが受診の問題です。日本語での診療やカウンセリングが受けられる都市はきわめて限られるものの、Group Withのホームページ（p.201）などで検索することができます。そのような場所が見当たらない場合（発展途上国においては、ほぼない）には、赴任前に国内でかかっている主治医から紹介状および現処方薬の「一般名」を英文で作成してもらいます。医薬品の名前には「一般名」と「商品名」があり、前者は成分の名前で世界共通、後者は製薬会社が独自につけている名前で、同じ成分でも会社が異なれば違う名前になります。

　日本の主治医に英文紹介状の作成を渋られても、処方薬の「一般名」の英語表記なら容易にわかりますから、それを赴任先の現地医師に見せます。なお、すでに現地に着いてしまっているなら、インターネットで検索します。たとえば、商品名が「〇〇」ならば、「〇〇 一般名」で検索すれば、たいてい出てきます。社内に医療知識のある

人がいれば、MIMS（p.203）などで検索する方法もあります。

　そうして現地の医師に処方をしてもらえればとりあえず服薬だけは中断しなくて済むので、再燃のリスクはある程度抑えられます。そのうえで一時帰国などの際に主治医を受診し、状況などを話して相談してください。

●●●事例3　急に築かれた机の上の書類タワー

　56歳男性。経済発展が著しい国に、新事業立ち上げ要員として現地に赴任しました。国内外から注目を集める条件下で欧米企業や韓国企業との競争も激しく、事業立ち上げの進捗に神経をすり減らす日々が続くなか、日本の本社からは、現地事情を理解しない達成不可能な指示が相次ぎます。その折衝も悩みの種でしたが、なんとか現地政府に食い込み、提案を検討してもらえるところまで漕ぎつけました。しかし本社側の意思決定に時間を食われているうちにライバル社に先を越されてしまい、本社側からは叱責を受けることとなりました。

　元来、几帳面な性格で、机の上には塵ひとつなく整然としていましたが、ここ数週間で書類や書籍が積み上がってきました。なかには未決書類や郵便物が混然と入り込み、書類のタワーが出現したような光景です。

　たまたま別件で本社からきた出張者が、日本にいた頃とのあまりの違いに驚き周囲の社員に聞いてみたところ、タワーの出現と時を同じくして、指示をあおいでもものごとを決められず、報告を入れても生返事が返ってくることが多くなったことがわかりました。この出張者が本社に帰任後、産業医に状況を説明し、業務にかこつけて一時帰国するよう手配して診察を受けさせることとなりました。

　診察の結果、うつ病（気分障害）の診断となり、業務からはずれて通院治療を行なったところ、約2ヵ月で憂鬱な気分は見られないよう

になってきました。

●●●解説

　さまざまな要因が重なりうつ状態となったケースです。うつの症状としては、抑うつ気分（気分の落ち込み）を必ず自覚するとは限らず、体が動かず何事もおっくうになる、頭の回転が鈍くなるといった症状が主になることがあり、本例のようにものが決められない、机の上が雑然としてくる、といった変化で気づかれることも多々あります。重要なのは、「普段のその人」を知る同僚などが、状態を察知して相談できる仕組みがあることです。社員研修などでメンタル不調の一通りの知識を職場で共有しておくことが危機を救ってくれます。

●●●事例4　上司の転勤は自分のせい？　～翻弄されるこころ

　B国支社に転勤して数ヵ月後から、支社長と意見が合わず、折り合いの悪い場面が再々目につくようになりました。そのうち些細なことで激しく叱責を受けることが繰り返され、約半年後には不眠に加え、判断に時間がかかる、机の上でじっと考え込むなどの様子が見られるようになりました。正確な判断ができない自身に対して思い悩むことが増え、「自分はこの仕事をする能力がないのではないか」「せっかく会社から多額の費用をかけてこの国に派遣してもらっているのに応えることができない」と周囲に訴えるようになりました。

　それが本社の耳に入るところとなり、業務命令で一時帰国し、メンタルクリニックを受診したところ「うつ状態」の診断で休職することになりました。あわせて、上司である支社長のふるまいや、不合理な叱責を受けていた社員がほかにもいることが本社に伝わり、支社長はさらに生活条件の厳しいといわれる南西アジアの国に異動しました。

　日本で療養生活を送り、うつ状態の改善をみたところで産業医・主治医ともに復職可能との判断が出て任地に戻りましたが、支社長が交

代していること、それもパワハラを認定されて左遷となったと聞き、これは自分のせいではないかと思い悩む日々が続きました。巡回相談に訪れた産業医に、「支社長が転勤になったのは自分のせいではないか」と思いつめた気持ちを打ち明け、産業医が困惑するという状況になっています。

●●●解説

　職場で受けたパワハラが原因のひとつとなるうつ状態のケースです。海外勤務では職場で顔を合わせる人数が減り、人間関係が濃密になりますので、その関係がうまくいかなければ、逃げ場がないだけストレス過重も大きくなります。このケースではさまざまな摩擦もあり、上司のパワハラ被害者がほかにもいることが第三者の目にも明らかでしたので、本社は上司である支社長に対し、左遷による転勤という人事措置を講じましたが、今度はそれが自分のせいではないかと悩んでしまっています。

　実際にパワハラ認定がされているので、なんら不合理なところはありませんが、それを明確に説明しておくべきでした。また、うつは、回復過程において一定速度で改善するものではなく、気分の波を経験しながら少しずつ回復してゆきます。その間、本ケースのように自分の責任ではないことを悩む事象はよく見られるので、同僚や上司によるケアは非常に重要です。

悲惨な場面に出会ったら
サイコロジカル・ファーストエイド（こころの応急措置）

　なにかとリスクの高い海外生活では、悲惨な事故や事件を目撃したり、その対処にかかわらなければならないこともあります。自殺の場面を目にすることもあるでしょう。そのような場面に遭遇した人に、どのように声をかけたらよいでしょうか。

　これをわかりやすく具体的に紹介したのが「サイコロジカル・ファーストエイド」と呼ばれるものです。災害や事件など、さまざまな場面で、被害者・被災者とその親族、子どもたちといった対象ごとに、どんな言葉をかけるのか、何をすればよいかを具体例とともに紹介しています。アメリカ国立 PTSD センターの制作ですが、「兵庫県こころのケアセンター」から日本語訳がダウンロードできます（http://www.j-hits.org/psychological/）。

●●●**事例5　災害に遭った同胞を支えた2週間後にあらわれた異変**

　支社長としてY国勤務中、市内中心部で爆弾テロが発生しました。大使館から、部下1名が爆発物破片の直撃を受けて重体であるとの一報を受けて現場に駆けつけると、そこは血の海で手足の分離した遺体などが散乱した凄惨な光景を目にしました。部下は病院に搬送されて緊急手術を受け、一命はとりとめましたが、手術を待つ間もけたたましいサイレンとともに救急車が次々到着し、うめき声をあげた重傷者が次々と目の前を担架に乗せられて運ばれていきます。

　2週間後、部下の手術成功も確実なものとなり後遺症もなく退院できる見通しがたちほっとした一方で、その頃からテロ現場で目撃した光景がふっと頭に浮かび落ち着かない気持ちになることに気がつきました。現場の広場に近づくと足がすくみ、自然と避けるようになっています。夢にも繰り返し現場の情景があらわれて飛び起きる日が続き、そのことを同僚に話したところ、受診をすすめられました。

●●●**解説**

　事件から2週間後に発症したフラッシュバック、回避行動、不眠、悪夢などの症状から、PTSD（心的外傷後ストレス障害）の可能性があります。テロの目撃によってもPTSDが発症しうることが知られており、救援者の受けるストレスを「惨事ストレス」と呼びます。

　PTSDでは、認知行動療法やEMDRといった、効果が証明された治療法もありますので、大きな事件の遭遇後や目撃後に上記のような症状があらわれたなら、受診し専門医の治療を受けること、受けさせられるか否かで、その予後、社会適応に影響することがあります。

　PTSDのスクリーニングに使える簡単なアンケートは、東京都医学総合研究所HPからダウンロードできます（http://www.igakuken.or.jp/mental-health/IES-R2014.pdf#search='IESR' 参照。 検索ワード IES-R）。症状の把握など部分的にも使えますので利用してください。

理由なく謝ってまわる人には注意しよう

通常ならなんでもないようなこと、謝る理由などないことを謝ってまわる同僚がいたら、そこには複数の可能性が考えられますので、アンテナ感度を上げる必要があります。

身近な人が事件や災害、自殺で亡くなったときに、残された人々のなかにまったく合理的でない罪悪感を抱く人がいます。「私があのとき、食事に誘っていれば津波にのまれることはなかったのに」「あのとき、素っ気ない返事をされたのを自殺のサインだと読み取れれば助けることができたのに」などの感情を振り払えなくなるもので、これをサバイバーズ・ギルトといいます。

そのように行動していても、おそらく結果は変わらなかったでしょう。にもかかわらず、こうした不思議な台詞で繰り返し訴えてくるようなケースでは、「相手の言うことを丁寧に聴いて受けとめる」、そのうえで（頭ごなしではなく）「しっかり否定する」のが定石です。災害の場合などには、他の救援活動などに招き入れるのも有効といわれています。

うつの症状のなかの「自責感」では、周囲でおこっている思わしくないことが自分のせいだと思い込み、客観的にその人の責任とは見えないことで悩んだり謝ってまわる行動をとります。この程度が重篤になれば「罪業妄想」という症状になりますが、そのような妄想レベルまでいかなくとも（周囲の人々にいくらか理解可能なレベルにとどまっていても）、自殺のサインになりえます。

自分の理解できないことで謝る同僚がいたら、「トラウマ関連のサバイバーズ・ギルト」「うつの自責感」など受診が必要な状態であることを前提に対処してください。

所在なき時間とアルコール問題
サインをキャッチするノウハウ、CAGE と HALT

　海外勤務では一人何役もこなし、走り回り、時差も考慮されずに本社から届く連絡に叩き起こされ、という多忙な状況がある一方で、やることがない暇な時間、時期も生じます。多忙なオフィスアワーが終わり帰宅してみると、娯楽がない、行くところがない、日本の生活で馴染んでいた飲み屋もない、映画館に行っても早口英語や現地語ばかりで理解できない、ましてやパチンコ屋なんてあろうはずもない。

　このようなところに、「独り酒のワナ」が口を開けて待っています。単身赴任で、自宅で話す相手もいなければ、いきおいアルコールに手が伸びることもあるでしょう。多くの途上国では（先進国でも）、日本のように24時間あらゆる場所でアルコールが手に入るわけではありませんから、ケース買い、カートン買いが多くなります。飲酒の戒律が厳しいイスラム教の国では、外国人だけが買えるルートもありますが、カートン買いにほぼ限られます。すると、自宅に「所在なき時間」と「お酒の山」の組み合わせができ上がります。

　長期間、過量の飲酒が続けば、お酒のブレーキが故障した状態になり、適量でやめられなくなります。これがアルコール依存症です。朝方からアルコール臭が漂ったり、決まった時間に職場に行くことができなくなったりもします。筆者がタイのバンコクで、地方都市で開業する地元の（特に外国人を対象に診ているわけではない）精神科医から、「日本にはアルコール依存症の患者があふれかえっているのですか」と質問されたことがあります。聞くと、彼の診療所には、朝からアルコール臭を漂わせる日本人や、酔って階段から足を滑らせた日本人、さらに上司に連れてこられた駐在員などが、たびたび受診に訪れるとのこと。地方のごく普通の臨床現場にまでこうした邦人が入り込

んでいることからも、その深刻さがわかります。

　日本の本社は駐在員のアルコール状況もフォローすべきでしょう。アルコール問題があるかについて、簡単な質問であたりをつける方法があります。それが、「CAGE」です。ぜひフォローに使ってみてください。これから海外赴任に出る人は思い出して自問してください。

　C：Cut-off お酒を減らさねばと思ったことはありますか

　A：Annoyed by criticism 飲酒を非難され気に障ったことがありますか

　G：guilty 自分の飲酒に関して罪悪感を抱いたことがありますか

　E：Eye-opener 迎え酒をしたことがありますか

　また、アルコール依存症の患者さんには、ついお酒を飲んでしまう要注意な「とき」を「HALT」であらわし、「これらの状況を避けましょう」と伝えています。依存症になっていなくても応用できます。

　H：Hungry 空腹なとき

　A：Angry 立腹しているとき

　L：Lonely 孤独なとき

　T：Tired 疲れ果てたとき

●●● 事例6　職場に出てこない支店長

　50代男性。支店長としてアフリカX国に赴任。現地の業績は可もなく不可もなくで、本社から特に注目されることもない状況でした。有名大学出身で、40代なかばまで順調に出世ラインに乗っていましたが、酒席でトラブルをおこすことが何度かあり、社内での評価を落とすことにもつながっていました。今回の異動のX国支店は社内での格が高いとはいえず、本人にとって不本意なものでした。

　業務はX国支店で代々続く、比較的定型的なものが多く、前任者から引き継いだとおりにやれば無難に済むものです。新たな人脈を開拓する必要もなく、自宅に戻れば業務書類に目を通すほかは、日本から

送られてきたDVDを見ながら酒を飲むほかありませんでした。

　約1ヵ月ほど前から、商談に時間どおりあらわれないことが何度かありましたが、その都度、部下が連絡をとり、また現地での時間観念がゆるく、1時間程度の遅刻はお互いさまという感覚もあり問題は表面化しませんでした。もっとも、支店オフィスにも昼頃まで出てこないので、決裁がとれない部下が立ち往生することもありました。

　ある日、本社から出張してきた重役を、現地の官庁の要人に引き合わせることになりましたが、要人が空港に到着する時間になっても支店長は姿を見せず、その勤務ぶりが本社に知られるところとなりました。重役が支店長宅を訪れると、使用人が切り盛りする1階部分は一見整理されているものの、2階の寝室には酒瓶やビールの空き缶が大量に散乱し、血痕のついたタオルまで放置されています。聞けば、食事は摂ったり摂らなかったりで不安定、毎日の大量の飲酒で栄養状態も芳しくありません。驚いた重役は、翌月に予定されている本社への出張時に産業医への面談と受診を厳命し、その結果、アルコール依存症とアルコール性肝炎の診断となりました。

●●●解説

　単身赴任で酒量が増え、アルコール依存症を発症した一例です。単調な生活、かつ現地では酒類の入手できる場所も限定され、いきおいカートン買いとなって、自宅は大量のアルコール飲料が目の前に山積みされているという環境になりがちです。

　アルコール依存症は、飲酒のブレーキがこわれて適量でやめることができなくなる状態です。朝、職場に出勤できなくなったり、大切な約束を飛ばしてしまったりと生活機能にも大きな影響が出てきます。本事例ではたまたま会社が事態を把握し、診断〜治療のレールに乗せることができました。産業医や産業看護職が定期的に海外拠点を視察するなど、健康問題の早期発見、早期対処をめざしたいものです。

寝不足と渋滞とメンタルヘルスの悩ましい関係

　海外勤務の宿命的な問題に「寝不足」があります。経済発展著しい国々では、国民所得の伸びにともない、すさまじい勢いで自動車数が増え、とりわけバンコク、ジャカルタ、ヤンゴンなどでは、道路や公共交通機関の整備が追いつかず、おしなべて交通事情は悪く深刻な渋滞に悩まされます。その結果、日本人学校のスクールバスが迎えにくる時間は午前6時、お母さんたちは午前5時からお弁当をつくりはじめ、お父さんも同じ頃に出勤するので、平日は毎日、一家そろって朝5時起きで、みんなが寝不足ということも珍しくありません。

　睡眠不足は、メンタルヘルスに大きな影響を及ぼします。日本の会社では、時間外労働の上限が規定され、その時間数を超えると、医師の面談を会社（事業者）が実施することが義務づけられています（労働安全衛生法）。この規定が設けられたのには、長時間労働により睡眠不足、休養不足が生じ、それがうつや循環系の不調を引き起こし、ひいては自殺や突然死のリスクが上がるので、それを防ぐために導入されたという背景があります。

慢性的渋滞は睡眠時間短縮などをもたらし、メンタルヘルス阻害要因にもなる（ジャカルタ）

　毎日続く渋滞は睡眠不足につながり、睡眠不足が続くと疲労が蓄積し、メンタルヘルスのリスク要因になることに留意すべきでしょう。住居の選択にあたっては、場所を考慮するなど、影響を緩和することも考えてみましょう。

一見のんびりした国でも深刻な自殺問題

　高自殺率国の日本と比べると、発展途上国の現地社会はのんびりと気楽なように見えます。こんなところで自殺などおこるのかしらと思うかもれませんが、WHOのデータで比較すると、タイのように日本に迫ろうかという高自殺率国もある一方で、フィリピンやインドネシアのようにわずかな国もあります。ラオス、ミャンマー、中国、ベトナム、カンボジアはその中間です。

◆WHO（自殺率）　http://apps.who.int/gho/data/view.main.MHSUICIDEASDRv?lang=en

　自殺の原因はさまざまに絡み合うので一概に論評することはむずかしいのですが、アルコール問題、薬物問題、政治的緊張、経済問題、社会からのプレッシャーが促進要因

人口10万当たり自殺率（2016年）

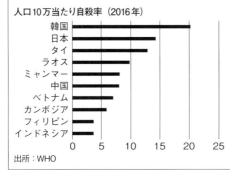

出所：WHO

として働き、宗教上のタブーやセーフティーネットの存在は抑制要因として働くとされています。現地スタッフが職場恋愛問題で自殺してしまい、その後のフォローにエネルギーを要したという経験を語る駐在員もいます。赴任先の自殺率がいかほどか、把握して頭の片隅においておいてください。

第**3**章
国境の向こうの感染症

下痢になったときの対処法（旅行者下痢症）
「発熱の有無」が判断基準

　海外旅行で「下痢の洗礼」を受けたという話をよく耳にします。普段とは異なる場所に行ったときに直面する下痢を総称する「旅行者下痢症」は、英語では traveller's diarrhea といい、どこの国でも通じます。原因は、消化器系感染症のほか、ストレス、疲労、水質、香辛料など多様です。下痢をしたときの対処でまず重要なのは、脱水にならないよう水分や電解質摂取に注意を払うことです。ものを飲み込める状態ならば、経口補水液が理想的です。日本から OS-1 の粉末を持参するか、現地薬局で「ORS powder」を購入し清潔な飲料水に溶かして飲用します。スポーツ飲料（ポカリスエットはアジア全域で購入できる）に昆布茶や塩飴、梅干しなどを入れ、少し塩分を追加する方法もあります。

　旅先で下痢になり、現地の医療機関を受診すべきか、休養をとっていればよいのか迷う場合は「発熱の有無」で判断するとよいでしょう。発熱があるのは、①脱水が危険水域に達してしまった場合　②感染症に罹患している場合、のいずれかです。①は、おそらくは自分で大量の水分を飲む体力的余裕も残っておらず全身倦怠感から立っているのも辛い状態でしょう。医療機関を受診して点滴などの治療を受けてください。②ならば、抗菌薬や駆虫薬など、処方箋の必要な薬を服用する必要のあることが多いので、やはり受診が必要です。

　一部の途上国では、医師の指示が必要なはずの抗菌薬を処方箋なしで売ってしまう薬局が存在しますが、適切な服用量や服用期間などの情報が得られません。また、食中毒の発熱だと思っていたら実はマラリアだったなど、自己診断から手遅れになり重症化したり、死亡する可能性もあり、大変危険ですから手を出すべきではありません。

下痢をしたらこんなことも考えよう

　海外渡航でおこりがちなのが下痢症状です。ポピュラーに感じられる症状ですが、消化器以外の原因でも下痢がおこり、イメージと異なるものがあることを知っておきたいところです。たとえば MERS は呼吸器の病気ですが、少なからず下痢をともないます。原虫（寄生虫）感染では、1週間以上の長期間、下痢が続くことが多く、また後述のデング熱など蚊が媒介する感染症でも下痢症状の出てくることがあります。したがって、下痢に発熱をともなったり、長期間続くようなら受診が必要です。

【下痢の主要な原因】

◆消化器感染症：細菌、ウイルス、寄生虫

◆消化器以外の感染症：MERS、マラリア、デング熱、エボラ出血熱、その他

◆水質：硬水

◆食用油：古い油、劣化

◆香辛料

◆疲労

◆ストレス

水道もない駅のホームの雑踏のなかで営業する簡易（？）食堂

道端や駅ホームなどに用意される公共水飲み場。けっして手を出してはいけない

食べ物から感染する病気

　食べ物から感染する「経口感染症」にはいくつかのパターンがあります。食べ物や水そのものに病原体が含まれるもの、調理・梱包・販売される過程で取り扱う人の手から感染するものなどです。ここでは主だったものを紹介します。

❖キャンピロバクター

　日本でも食中毒発生件数は第1位です。生肉の摂取で感染することが多く、鶏のたたきなどは高リスクです。調理上の注意（p.92）を参照ください。また、海外の焼き鳥屋では現地従業員が必ずしも調理に習熟しておらず、生焼けの焼き鳥、たたきなどリスクの高いものがありますので、のれんなどに書かれた日本語に惑わされないよう注意します。

❖ノロウイルス

　感染力が強いのが特徴で、日本では食中毒発生件数は2位ながら、感染者数では1位です。感染者の吐物や便を介して、あるいは吐物等から空中に舞い上がったものを吸引するなどして、感染が広範に拡大していきますので、吐物は、まずは新聞紙等で覆って空中に舞わないようにし、塩素系消毒薬で消毒します。台所用漂白剤も消毒に有用です。

　貝類の体内で濃縮されて、それを食べることで感染することもあります。筆者はアフリカのセネガル在勤中に、海辺のリゾート地で欧州からのバカンス客が警戒なく生牡蠣を食べている光景を目にしていましたが、地元の人間はけっして口にしませんでした。

❖サルモネラ

　サルモネラ菌によって感染します。食肉や鶏卵でリスクがあります。

発展途上国では、冷蔵すべきもの
を冷蔵しないで売っていたり、冷
蔵していても頻回な停電で、知ら
ぬ間に増殖していることがある点
に留意してください。

鶏卵は糞便が付着した状態で売られているのが
一般的

❖A型肝炎

　A型肝炎は、肝炎ウイルスのう
ち、経口感染するタイプです。感
染した調理人が十分に手を洗わずに調理し、その手や調理器具から感
染することが一般的です。このほかに、ノロウイルスと同様に貝類の
体内で濃縮されるケース、水道管のひび割れで土中のウイルスが混入
するケースもあります。肛門性交で感染することも報告されています。

❖腸チフス・パラチフス

　アジアの医療機関の日本人患者の受診案件で割とよく出てくるのが
腸チフスです。南西アジア、東南アジア、アフリカに分布します。

　チフス菌・パラチフス菌によって汚染された生水（氷）、生肉、生
野菜などの摂取によって感染する消化器感染症です。下痢や発熱とと
もに発疹の出ることもあり、重症化すると腸出血や穿孔（腸に穴があ
く）に至ることもあります。

　食事一般の注意事項である「Cook it, Boil it, Peel it」（p.94）が予
防法となります。ワクチンは日本製で認可されたものがないので、外
国製を個人輸入して接種しているトラベルクリニック（p.137）か、
国外で接種することになります。

❖腸管出血性大腸菌（Ｏ157など）

　腸管出血性大腸菌というと、なんだかむずかしそうですが、O157
の仲間と聞いたらピンとくる人も多いかと思います。大腸菌は腸内に
常在するものが大多数ですが、中には、毒素を出してさまざまなトラ

ブルをおこす大腸菌があります。その代表格が O157 です。重症化すると溶血性尿毒症症候群という、腎臓が働かず体中の老廃物が排出できない状態に陥り、死に至ることもあります。

　この感染症は食中毒として大きく報じられます。先進国でも、たとえばアメリカでは、ロメインレタスやカットフルーツからの感染がたびたび発生しています。広域流通網に乗って思わぬ遠方まで広がることがあり、たとえば2018年にはアリゾナ州やカリフォルニア州の農場から出荷されたものが全米はもとよりカナダにまで拡散しています。2019年にはカットフルーツで同様の騒動が生じました。

　日常的に発生するものではなく、発生すると保健当局から注意喚起が発出され、マスメディアで報道されるので、普段から現地の報道にアンテナを立て、現地の人から情報が入るようにしておくことが予防手段のひとつになりえます。

　病原体が産出する毒素で症状が出るものなので、強い下痢止めで無理に抑えると、毒素の体外への排出も止めてしまい、かえってトラブルを大きくします。自己判断での服薬はリスクが非常に大きいので、速やかに医療機関を受診してください。重症化したときは迅速な入院管理も必要です。吐物や排泄物からも感染しますから、処理するときには消毒薬を忘れないようにしてください。

❖赤痢

　発展途上国の生活で遭遇することの多い消化器疾患です。細菌性とアメーバ性があり、まったく別ものです。細菌性は赤痢菌によって、アメーバ性は原虫（寄生虫）によっておこる感染症です。発熱や下痢に加えて、裏急後重（りきゅうこうじゅう）という症状が認められます。別名「渋り腹」ともいい、ぎゅーっと便意がきてトイレに駆け込むも排便は少量。再度、ぎゅーっときてトイレを往復するような状態です。便には血液や膿が混じります。症状は細菌性のほうが重く、アメーバ赤痢ではトイレと

の往復をしながらも寝込むには至らずなんとか仕事ができるケースもあります（けっしてすすめませんが）。

　治療は、細菌性には抗菌薬を、アメーバ性にはメトロニダゾールという駆虫薬を服用します。いずれも要処方薬なので医療機関の受診が必須です。

●●● 事例7　トイレの往復でも倒れないのは？　〜アメーバ赤痢

　教育関係のNGO活動で東南アジアのX国に駐在したAさんは、村の小学校で教壇に立ち、歌やお遊戯、ときには日本語を教える活動をしています。数日前から下痢が続いていて時折、お腹がぎゅーっとなり、そのたびにトイレに駆け込んでいます。すっきり出たという感覚もなく、またぎゅーっとくる状態の繰り返しです。便に血が混じっているのに気づき、慌てて病院を受診し検査したところ、アメーバ赤痢と診断されました。しばらく子どもたちと過ごせなくなるのは寂しいですが、処方された薬を飲んで1週間お休みしました。あとで思い返すと、村のお祭りでふるまわれた料理、お盆に山と積まれたものを子どもたちと一緒に手づかみで食べたのがいけなかったのかもしれないと思い当たりました。

調理の前のリスクに留意する
食品の取り扱い方

　自炊も含め、食品の取り扱い方でリスクが高まってしまうことがあります。たとえば鶏卵。卵の殻には糞便が付着したまま自然に売られているのが発展途上国の（一部先進国でも）常識です。卵の殻を割る前には、水洗い（飛び散らないように水をためて）してから扱います。鶏肉は、サルモネラやキャンピロバクターといった食中毒の原因となる病原体に汚染されていることがあるので、流水で洗うとキッチンまわりに飛散し、他の食品を介して感染源になる旨、アメリカ当局から注意喚起が出されており（https://www.cdc.gov/features/Salmonella Chicken/index.html 参照。 検索ワード CDC, Chicken and Food Poisoning）、YouTube にも動画があります（ 検索ワード See how the Campylobacter chicken bug spreads in a kitchen）。

鶏の生肉は調理するときもリスクが高い

飲食店選びの着眼点
手洗いの様子、食材の保存と回転状況をチェック

　食材自体、あるいは調理・梱包・販売される過程で取り扱う人の手から感染するリスクは避けたいものです。発展途上国の環境でこのリスクを完全に取り除くのはむずかしいかもしれませんが、リスクを減らすことはできます。自分の日常生活の範囲内で可能な限り対応していきましょう。

　飲食店選びで意識したいのは、「手洗い、食材、回転」です。手洗いは、調理人の手を介しての感染リスクを左右します。致命的に危険なのは、水道の設備がない場合で、屋台など簡易店舗では、付近に水道の設備がなければ、手洗いも食器洗いも、バケツにためた水で石鹸も使わずにさらっとすすぐだけというのが一般的です。当然、十分な洗浄はできません。

　また、お客が多くうまく回転しているお店では食材の鮮度が相対的によくリスクは下がりますが、それでも食材の保存状態には注意が必要です。発展途上国のなかには、発電量が需要を満たせず、頻繁に停電する国もあります（筆者が在勤したスーダンでは1日4時間しか電気がこない日もあり、またセネガルでは停電⇒復電を頻繁に繰り返す日々。ミャンマーでは「安定して停電しています」と言う駐在員の言葉に実感がこもっていた）。自然に任せていれば、冷蔵庫・冷凍庫内の温度は上がったり下がったりになります。食品を取り出すときは十分冷えていて大丈夫と思っても、前夜には常温まで上がるときがあった（それを繰り返していた）、となるとリスクは高まります。飲食店が自家発電機を備えているかどうかもチェックポイントです。

食べ物のリスクをぐっと減らす魔法の言葉
Cook it, Boil it, Peel it の実践法

　食事メニューを選択する際は、何に注意すればよいでしょうか。渡航医学の世界にある諺が、「Cook it, Boil it, Peel it」です。

◆ Cook it「よく焼いて食べましょう」

◆ Boil it「生水は沸かして飲みましょう」「煮て食べましょう」

　熱を加えたものを口にすることが原則です。

◆ Peel it「むいて食べましょう」

　果物は、皮をかぶった果物（柑橘類、バナナ、りんごなど）を買ってきて、自分で皮をむいて食べます。カットフルーツは、それを用意した調理人の手や使用した包丁は清潔か、盛りつけてからハエなどが接触していないかなど、リスクとなる要因が多々あります。また、甘い香りを放つ果物は、昆虫を引き寄せます。

　この諺には、「Forget it」という続きがあります。長期間の滞在では、ついつい生ものに手を出してしまったり、つき合いで仕方なく一緒にお店に、という状況も出てくるでしょう。普段ならしっかり警戒していても、日本料理店に入ると途端にガードが下がって寿司や刺身を食べて下痢をするケースも少なくありません。なお、必ずしもCook it, Boil it, Peel it とはいかない場面も出てきますので、開き直る人もいます。だからか、「あきらめる」と訳す向きもあります。

　下痢を何度も繰り返していると、過敏性腸症候群になってしまうケースもあります。そこでおすすめするのが、「自分なりの線引きを考えておく」というものです。業務上（あるいはプライベートに）、このレベルならば目をつぶってつき合う、しかしこれぐらいのレベルのおつき合いは断わる、といった具合です。

駅のホームにてハタキでハエを追い払いながらカットフルーツを販売中。
レストランでは客席から見えない厨房でこのプロセスが展開されているので、
カットフルーツは避けるべき

フェリーの雑踏のなかでカットフルーツ販売中

蚊の習性を知れば防げる病気

　日本国内でも蚊によって媒介される感染症が話題になることがあります。2014年にはデング熱が、2016年にはジカ熱がメディアをにぎわせました。蚊が媒介する病気は、このほかにもチクングニヤ熱、マラリア、日本脳炎、西ナイル熱などさまざまです。

　人間をもっとも多く殺す動物は蚊であるという説もありますが（https://www.telegraph.co.uk/science/2016/03/15/which-animal-kills-the-most-humans/ 参照。検索ワード telegraph, Which animal kills the most humans）、蚊が媒介するこれらの病気に共通するのは、「蚊に刺されなければ罹患しない」です（ジカ熱は、ごく一部、性行為感染例があるが、主体は蚊媒介）。刺されないためには敵を知ること。刺されない方法を見てみましょう。

❖正しい虫よけスプレーの選び方—ポイントは濃度

　蚊に刺されない対策として効果的なのが虫よけスプレーです。ひとくちに虫よけといっても千差万別なので選び方をおさえておきます。

　薬局に行ったら、ラベルをじっくり見て「有効成分」と「濃度」をチェックします。もっともポピュラーかつ有効なのが DEET です。正式名称は N,N-ジエチル-3-メチルベンズアミドですが、世界中どこでも DEET で通じます。ラベルが読めなくても、DEET の4文字で判別できます。

　濃度は7％、12.5％、23％、30％がよく見られます。この濃度と持続時間が相関します。5〜6時間以上、野外活動中しっかり守ってくれるのは23％以上のものです。日本でも2015年秋以降、30％のものが解禁され製品化されていますから、当面使うものをもっていくとよいでしょう。12.5％以下では、おおむね2時間以内の持続です。用途

が、たとえば普段は冷房完備のオフィスにいて、リスクがあるのは
ガーデンレストランでの会食やホテルの中庭でのパーティーのときだ
け、などであれば使えるでしょう。外出が2時間を超えるなら、2時
間以内につけ直してください。安価に手に入ることもDEETの利点
のひとつですから、赴任先がデング熱やマラリア流行地であったとし
ても引っ越し荷物に大量に入れる必要まではありません（現地で購入
できる）。

　同様に効果が高いのがイカリジン製剤です。子どもも使いやすいの
が特徴ですが、DEETが蚊以外のダニや虱まで幅広く効くのに対し
て、イカリジンはダニや虱には効果がない点に留意ください。

　天然成分を売り物にしたハーブ系の虫よけも一部市販されています
が、持続時間がごく短いので実用としてはおすすめできません。
DEET、イカリジンにアレルギーのある場合の最終手段であり、20分
おきにつけ直しながら使います。

❖蚊取り線香の選び方

　蚊取り線香も、特に室内では効果を発揮します。しかし、その選択
には注意が必要です。発展途上国では、非常に安価な製品を見かける
ことがあります。これは、蚊取り線香の有効成分である「ピレスロイ
ド」を薄めて用いています。煙自体は大量に出ますから、もうもうた
る煙の中を蚊が平然と飛び回る…という光景を、筆者もアフリカ生活
で経験しました。そして、帰国のたびに蚊取り線香を買って帰ったも
のです。ただし、アジアを中心に、日本メーカーとの技術提携品も出
回っています。現地語の難解な文字がパッケージに印刷されつつも、
隅に見慣れたマークがちょっと入っていたりするので、信頼には値す
ると思われます。よく見て検討するとよいでしょう。

　なお、電気式蚊取り器（電気式蚊取り線香）も選択肢となりえます
が、日本国内で入手できるものは、（パソコンやスマートフォンの充

電器とは異なり）100V専用が多く、貴重な変圧器のコンセントをひとつ占領してしまうので要注意です。実際に蚊が媒介する感染症に悩まされている国では、電気式蚊取り器の購入も可能なことが多いようです。

❖白い服は生活の知恵

蚊が好む色は紫外線領域の波長の色です。したがって、それをはずせば、その分リスクが下げられます。具体的には白色の服。そして極力、長袖長ズボンを着用します。たとえばスーダンは国土の大半がサハラ砂漠から続く砂漠地域で、夏場は日中の気温が40〜50℃にもなります。かの国の民族衣装は真っ白のゆったりした長袖服で、これは生活の知恵ともいえましょう。

白いゆったりした服はマラリア流行地では「生活の知恵」
（スーダン）

❖ボウフラ（蚊の幼生）対策

蚊に刺されないための個人防御では、長袖長ズボン、虫よけスプレー、蚊取り線香、蚊帳などの対策を組み合わせますが、蚊の発生を抑えるには、ボウフラ（幼生）時期の対策が決め手になります。飛びまわる成虫を殺すのではどうしても限界があります。それよりもボウフラがわく水たまりを除去するのが効率よく効果的です。

参考になるのがシンガポール当局の対策で、1日に10分、自宅の花瓶、流し台、受け皿、洗濯竿取り付け台、下水、庭の水たまりなどを掃除したり、水を除去するよう呼びかけています。この国の罰金制度は有名で、かつて当局が一般家庭まで巡回し、水たまりを放置していたら警告、さらにそれでも放置していたら罰金と、強硬策を取り入

れながらデング熱対策にあたったこともあります。そのような強硬策はシンガポールぐらいかと思いますが、ぜひ自主的に実行してください。

工場や工事現場など現場での業務で進出する場合には、定期的に巡回して水たまりができていないかを点検します。溝はもとより、古タイヤもボウフラがわく場所の定番です。屋外におかれたドラム缶のヘリは見過ごしがちですが、乾く間もない雨季ともなれば、ボウフラの温床と化しま

水道のない家庭では水浴や飲用の水瓶が庭先においてあり、ボウフラの温床と化している（ミャンマー）

す。水たまりを埋めたり薬剤散布をするなどの対策をとります。

❖デング熱やジカ熱を媒介する待ち伏せ型の蚊

蚊には大きく２通りの行動パターンがあります。普段は草むらにいて、吸血対象の動物が近づいてくるとスイッチが入り刺しにくる待ち伏せ型と、自分から吸血対象を探して飛び回る探索型です。

待ち伏せ型の代表が、ネッタイシマカとヒトスジシマカです。通称「ヤブカ」。デング熱、チクングニヤ熱、ジカ熱といったよく話題になる病気を媒介するほか、アフリカを中心に広がる黄熱もこの蚊によって媒介されます。

2014年に代々木公園をはじめ都内いくつかの公園でデング熱感染が報道されました。もとはといえば海外から入国した感染者からヒトスジシマカを介して広がったと思われます。また2016年には、頭部の小さな赤ちゃんの画像（小頭症）が繰り返しメディアに載り、流行地のリオデジャネイロで開催されるオリンピックへの出場を見合わせ

る有力選手もあらわれて話題を呼んだジカ熱を媒介する蚊もこのグループです。

　昼間から夕方にかけて活動が盛んになり、人々が仕事を終えて公園や屋台でサッカー中継でも見ながら団らんのひとときを過ごしているときが吸血タイムです。

　このグループの蚊から身を守るにはどうしたらいいでしょうか。名前のごとく藪に棲息しているので、蚊の棲息する場所（草地）から50cm以上離れます。近づかないことでリスクは大きく減らせます。たとえば公園の散歩道や遊歩道では道の真ん中を歩き、道端のベンチの長居は避ける。そうした場所に行くときや、現地の人々に交じっての夕方の団らん時には、長袖長ズボンで肌の露出を最小限にしてリペラント（虫よけスプレー（p.96））を使用してください。

❖日本脳炎を媒介する探索型の蚊の対処法

　藪に棲息する待ち伏せ型のヤブカ（ネッタイシマカ、ヒトスジシマカ）とは対照的に、自分から吸血対象を探して飛び回るのがイエカのグループです。明るいうちに活動するヤブカとは異なり、こちらは夜型です。このグループは日本でも身近で、夜寝ていると耳元でプーンと嫌な音を立てて近づいてきたので叩いたものの…という経験は多くの方がおもちでしょう。

　日本脳炎は、このグループのアカイエカが媒介します。病名に「日本」がついていますが、いまや日本国内での報告数は年間一桁まで減っていて稀な疾患になっています。代わって多いのがアジアを中心とする発展途上国です。

　日本脳炎ウイルスは豚の体内で増殖、棲息し、その豚を刺したアカイエカによって媒介されますから、豚が近くにいる場所＝農村部での発生が多くなっています。したがって農村部への赴任、あるいは営業活動等で農村部へ足を運ぶことが多い場合にリスクが高くなります。

通常、ワクチンは定期接種ですでに実施されていることが多いのですが、平成 7 ～21年はワクチンの積極的勧奨が差し控えられ希望者のみ接種となりました。この世代では接種もれがあるので、上記のようなアジア農村部に行く可能性のある方は接種の有無を確認してください。

　吸血活動は夜間に多いので、蚊帳を吊って寝るのが有効です。

❖マラリアを媒介するハマダラカ

　マラリア（p.105）を媒介する蚊として悪名高いのが、ハマダラカです。羽にまだら模様があり（漢字であらわすと、羽斑蚊もしくは翅斑蚊）、刺すときに足をピンと跳ね上げるのが特徴です。もっとも、実際に肌に蚊がとまり、それをじっと冷静に観察できる人はそういないでしょう（ましてやそこがマラリア流行地ならば）。

　吸血行動は主として夕方から夜間ですから、寝室には蚊帳を吊って寝るようにするのが効果的な予防法になります。注意が必要なのは、夕方や夜間の外出時です。ビジネス上の社交行事や、ホテルや公邸などのガーデンパーティーでは、あらかじめ虫よけスプレーをかけて行きましょう。

　なお、ハマダラカの分布は意外に広範にわたり、日本国内にも棲息しています。日本海側にはシナハマダラカ、八重山諸島にはコガタハマダラカの棲息が確認されており、実際に1960年代までは国内でのマラリアの発生がありました。将来的には、日本国内にマラリアが持ち込まれ、そこから感染が生じることはおこりえます。ただし、現実的には冷房が普及した生活様式が一般的な環境では、その確率はきわめて低いと思われます。

昼間の蚊の病気と夜の蚊の病気

蚊の活動時間によっても傾向と対策が異なります。

1．昼間の蚊の病気

❖デング熱

発熱、悪寒、筋肉痛、関節痛といったカゼと似た症状に加えて発疹や目の奥の痛みが特徴的です。経過のなかで発疹が出てきます。デング熱ウイルスには4つのタイプがあり、1回目に感染した後、2回目以降に別のタイプのウイルスに感染すると重症化しやすいといわれています。重症化した際には不安・興奮などの精神症状、胸水・腹水、鼻出血や消化管出血、さらにショック状態から生命の危機に及ぶこともあります。デング熱のワクチンは試作的なものがありフィリピンなどで試行されていますが、感染歴がないと、かえって重症化するケースが出るなど、うまくいっているとはいいがたく、渡航前に接種できるものはありません。

図表3-1　デング熱分布図

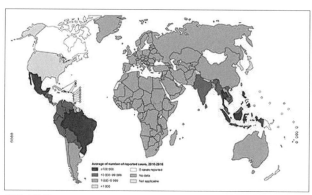

出所：WHO

【デング熱が重症化するサイン】

◆ 腹痛・腹部圧痛　　　　◆ 持続的な嘔吐　　　◆ 腹水・胸水

◆ 粘膜出血　　　　　　　◆ 無気力・不穏　　　◆ 肝臓が腫れる

◆ 血液検査（ヘマトクリット値の増加20%以上）

❖チクングニヤ熱

　デング熱と同様にカゼと似た症状ではじまりますが、関節の痛みが強く、長期間続くのが特徴です。リウマチなどの関節の病気と誤診されることもあります。

❖ジカ熱

　発熱、結膜炎、関節痛、発疹などの症状があらわれますが、その程度はデング熱より軽く、診断されないまま軽快するケースも多々あります。主として蚊に媒介されますが、精子に残存するウイルスにより性交感染することもあります。

　この病気の厄介なところは妊婦の感染で胎児に先天性異常がおきることです。神経系のもとになる細胞をウイルスが攻撃する結果、脳が発達しない小頭症や先天性視力障害などがおこります。各国の保健当局は、流行地から帰国後に避妊すべき期間を図表3-3のように推奨し

図表3-2　チクングニヤ熱分布図

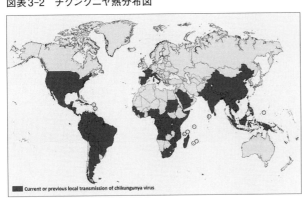

出所：アメリカ CDC

ています。厚生労働省は、流行地滞在中および出てから6ヵ月間は safety sex、つまり妊娠しないよう避妊することを推奨しています。

　詳細な情報は、以下で入手できます。

◆ジカウイルス感染症について（厚生労働省HP）

　https://www.mhlw.go.jp/stf/seisakunitsuite/bunya/0000109881.html

◆Zika and Pregnancy（CDC HP）(検索ワード CDC, Women and Their Partners Trying to Become Pregnant)

　https://www.cdc.gov/pregnancy/zika/women-and-their-partners.html

図表3-3　各国保健当局が推奨する、流行地から帰国後、避妊すべき期間（ジカ熱）

	男性	女性	備考
WHO	6ヵ月以上	2ヵ月以上	妊娠期間中はパートナーも避妊
日本 （厚生労働省）	6ヵ月以上	6ヵ月以上 妊婦は妊娠期間中	症状有無にかかわらず
アメリカ （CDC）	3ヵ月以上	女性のみ流行地滞在で2ヵ月以上 男女とも流行地滞在で3ヵ月以上	
イギリス （NHS）	3ヵ月以上	女性のみ流行地滞在で2ヵ月以上 男女とも流行地滞在で3ヵ月以上	帰国前2週間に有症状の場合、回復後2ヵ月

図表3-4　ジカ熱分布図

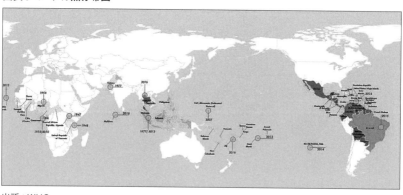

出所：WHO

◆ Zika virus（NHS HP）

https://www.nhs.uk/conditions/zika/

◆ Zika virus（WHO HP）

https://www.who.int/news-room/fact-sheets/detail/zika-virus

❖マヤロ熱（マヨロ熱）

中南米を中心に分布し、デング熱やチクングニヤ熱と類似した症状です。そのため、これらのメジャーな病気と誤診され、実際よりも過少に見積もられている可能性も指摘されています。

❖黄熱

アフリカおよび南米に分布します。症状は発熱、頭痛からはじまり、黄疸、出血、蛋白尿などがあらわれます。黄熱流行国、また国によっては黄熱流行地からの入国者には、黄熱ワクチン接種証明書（イエローカード）の提示を求められます。1度の接種で一生有効ですので、紛失しないよう大切に保管しましょう。

◆ イエローカード提示を求められる国（厚生労働省検疫所 HP）

https://www.forth.go.jp/useful/yellowfever.html#world_list

◆ ワクチン接種を受けられる機関（厚生労働省検疫所 HP）

https://www.forth.go.jp/useful/yellowfever.html#list

2．夜間の蚊の病気

❖マラリア

ハマダラカによって媒介されるマラリアは、年間43万人が命を落とす最凶の蚊媒介疾患です。アフリカ、中南米、アジア、南太平洋諸国に広く分布します。媒介するハマダラカは清浄な水を好むため、通常は農村部での流行が主ですが、アーバンマラリアと称する、都市部で流行するものもあるので注意が必要です（事例8参照）。流行国の地方ごとのリスクを色分けした地図がイギリスの NHS の HP（「fit for travel」p.199）で参照でき便利です。

　ヒトに感染するマラリアは５種類ありますが、アフリカに多い熱帯熱マラリアでは、治療が手遅れになると脳マラリアで後遺症を残したり、多臓器不全から死に至ることもあります。アジアに多い三日熱マラリアや卵形マラリアでは、死亡例は熱帯熱マラリアに比べて少ないものの、肝臓内に休眠体の形で長期寄生し、時間をおいてから症状が再発することがあります。

　マラリアのワクチンは研究が進められていますが、まだ実用化されたものはなく、マラリア予防薬の内服で予防します。日本で認可されているマラリア予防薬は、メフロキンとマラロンの２種類です。流行国に行く際には、前述の「fit for travel」サイトで、自分が行く予定の地方がどの程度のリスクがあるのか確認し、ハイリスクの地域に出かける際はマラリア予防薬を処方してもらいます。トラベルクリニック（p.137）を受診して相談してください。

　また、流行地域に滞在中はもちろん、帰国後に発熱、悪寒などの症状が見られたときには、迅速に治療を開始することが必要なので、帰国後治療機関（p.137）を参考に受診してください。

図表3-5　マラリア流行国

出所：アメリカ CDC

❖日本脳炎

イエカが媒介します。日本では発症例が年間1桁台まで減少しましたが、アジアでは散見されます。ブタの体内で増殖するので、近くに豚舎のある農村部が中心です。けいれんや意識障害など脳炎症状が見られます。

❖西ナイル熱

イエカが媒介し、アジア、アフリカ、中南米と広く分布します。鳥類から蚊を介して媒介され、発熱、頭痛、筋肉痛などの症状があらわれます。稀に重症化すると、けいれんや意識障害など脳炎症状が発生します。近年、それまで見られなかった欧州や北米でも西ナイル熱ウイルスによる脳炎患者の発生が報じられ、さらなる拡大が懸念されています。

●●● 事例8　夜中に突然の悪寒、血液検査の結果は…

夜寝ていたら、突然、頭痛と悪寒がおそってきて震えがとまりません。就寝前まで何事もなかったのに…。ただごとではないので隣に寝ていた家人を叩き起こしました。スーダンの首都、ハルツーム赴任中に筆者の家族がかかった初発の瞬間です。翌朝一番で採血し、病院検査室に持ち込んで検査してもらったら、はたしてマラリア陽性との診断でした。定石どおり抗マラリア薬（当時の主流はメフロキン）を服用し1週間でマラリア自体は改善しましたが、その後も1週間ほどは、なお倦怠感が強く残っていたので点滴しながらしのぎました。

蚊が媒介する疾患のなかでも、手遅れになるともっともこわいのがマラリアです。媒介するのはハマダラカ。夜間に吸血活動に及ぶので、「寝室に蚊帳を吊って寝る」ことが最大の効果を発揮します。

マラリアは寄生虫疾患です。赤血球のなかに丸まって棲息していますので、顕微鏡でなければ見えません。それも熟練者でないと見逃し

てしまいます。筆者は外務省医務官時代にマラリア研修で専門施設に派遣され、これを経験しましたが、なかなか骨の折れる作業でした。マラリア流行地の検査技師は、この顕微鏡で見つけ出して診断する技術に熟達しています。マラリア流行国（図表3-5）で発熱したら、早めの受診をおすすめします。

マラリア流行国の検査技師は匠の技でマラリア原虫を見つけ出す（スーダン）

コラム6　仮病の理由がマラリア?!

　筆者がスーダン在勤をしていたとき、職場の運転手を管理する同僚が、「Aのやつ、またマラリアだってよ！」と、少々呆れた顔でこぼしていました。日本の感覚では、マラリアにかかったら一大事ですが、A運転手は次の日には涼しい顔をして出てきます。そして、休んだはずの日に喫茶店でカードゲームに興じていた目撃談まであるので、明らかに仮病です。

　通常、仮病でよく使われるのは、カゼや腰痛、頭痛など、1日～数日で回復する病気が相場です。ではマラリアはといえば、現地で生まれ育った人々にとってはまさに相場どおりなのです。生まれたときからマラリアを媒介する蚊に刺されているので、何度も感染して（兄弟の何人かは亡くなって）、それでも生き残るうちに抗体もしっかりでき、新たに感染しても、文字どおりカゼ程度で済むようになります。

　先進国からきた人間に「マラリアになった」と言えば同情してもらえる、と覚えると、実は博打に行っていた、なんてことになります。使用人の「マラリア」にはご注意ください。

ダニが媒介する病気

　ダニ、特に野外で遭遇するマダニによって媒介される病気に共通する予防法は、「ダニに刺されないこと」。山歩きなど野外活動のときには長袖長ズボンを着用、その上から虫よけスプレーを使用します（DEET を成分とするもの）。ダニが喰いついても痛みや痒みがあるとは限らず、気づかぬうちに吸血されていることもありますから、野外活動から戻ったら喰いついているダニがいないか慎重に点検します。国によっては「山の中」に限らず、ちょっとした植え込みにいることもあるので注意してください。

　帰宅後にふと気がついたら小豆大の虫体がしっかり喰らいついていて離れない。血液をたっぷりと吸い込んで、何倍にも膨れ上がった虫体を見たら、大慌てで撤去したくなりますが、虫体をぎゅっともつと、スポイトで病原体入りの血液を自分の体内に注入してしまうような結果となります。したがって、けっして虫体はもたずに、口の部分からはずします。

　ダニ媒介性脳炎が存在する欧州では、マダニをはずすための器具を売っていることもあります。しかしそれが入手できなければ、ピンセットで口のところをはずします。日本国内でも、ペット用のダニをはずす器具なら通販などで購入可能です。現地で医療機関を受診できれば、処置してもらえます。

❖ダニ媒介性脳炎

　中東欧を中心とする欧州諸国やシベリア、CIS 諸国に分布し（西はフランスのアルザス・ロレーヌ地方から、東はウラジオストック、中国東北部まで広く分布）、国内でもここのところ北海道で毎年のように発症が報告されています。エゾシカやアライグマなどの体内でウイ

ルスが増殖し（これを増幅動物という）、マダニを介して感染します。

　発熱、頭痛に続いてけいれん、めまい、知覚異常などの脳神経症状があらわれます。死亡率は 1 ～ 2 ％ですが、後遺症が10～20％に残ります。ワクチンがありますが国産されておらず、輸入ワクチンの取り扱いのあるトラベルクリニックで接種します。

❖ SFTS（重症熱性血小板減少症候群）

　中国や韓国、日本国内でも西日本を中心に発生が報告されるダニ媒介性疾患です。症状は発熱、嘔吐、下痢、腹痛、頭痛、筋肉痛などに加え、神経症状、皮下出血などが見られます。

世界的に激増する梅毒
こんな症状を見たらすぐに治療を

　性行為感染症は海外渡航を扱うなかで悩ましい存在です。なかでも代表的なのが梅毒です。この病気は大航海時代にコロンブス一行が欧州大陸に持ち帰ったといわれる、元祖渡航医学のような病気です。治療法も確立され、このまま順調に撲滅できるのではと思われる勢いで減少していましたが、ここ数年ほど、日本国内も含めて世界的に息を吹き返し増加しています。一時期は同性愛者の間での感染が主でしたが、いまではノーマルなセックスを介して感染が拡大しており、リスクは広範に及びます。

　症状は、痛みをともなわないしこりや硬結が性器やオーラル（口腔）など感染した局所に出現するので、受診して抗菌薬を服用します。治療が遅れると進行し、約３ヵ月でバラ疹と呼ばれる特有の湿疹が見られ、この段階で診断されるケースも多く存在します。さらに数年後には心臓や神経に腫瘍ができたり神経症状が出てきたりします。視力障害で診断されるケースもあります。

　「進行麻痺」という病名がありますが、梅毒の神経症状のことを指すもので、認知症症状や麻痺などの症状があらわれます。抗菌薬で治療できますが、長期の服薬が必要です。コンドームの使用など性行為感染症に共通する予防法に努めてください。

出所：厚生労働省　ⒸNaoko Takeuchi

性交前の予防服薬は有効か?

　海外出張中に風俗店に行きたいけれど感染症もこわい。だから事前に抗菌薬（抗生剤）を処方してもらえるところはないだろうか、という質問を受けることがあります。抗菌薬は、細菌感染にのみ効果があるもので、ウイルス（HIV、B型肝炎、ヘルペス）、原虫（赤痢アメーバ）、昆虫（毛じらみ）等々にはまったく効果がありません。

　また、治療に抗菌薬を使う場合、病気によって抗菌薬の選択が異なり、しかも一定程度の血中濃度を保つ必要があります。性交前や直後に服用して、あとは忘れるという服薬行動が想定されるなかでは、事前服用が奏功する期待値はゼロといっても間違いないでしょう。

　なお、最近は「糞口感染」が話題になっています。A型肝炎やアメーバ赤痢といった、従来は衛生水準に問題のある飲食で感染するとされていた病気に、性交時に肛門から口に入り性交感染するパターンも生じています。標準的な防護策であるコンドームで防ぐことのできないものがあることは、出張者を含めよく知らしめておくべきでしょう。

麻疹（はしか）が再流行する意外な事情

　日本国内では、麻疹（はしか）の感染が確認されて大きく報道され、しばしば厚生労働省や都道府県庁から注意喚起がなされています。その背景には、日本には（土着の）麻疹はなくなったとWHOに認定され（麻疹排除宣言）、いったん撲滅された扱いになっていることがあります。つまり、日本にはなくなった病気が発生しているのは、国外から持ち込まれたから、ということです。実際、2016年にはインドネシア旅行からの帰国者が、2018年には台湾からのインバウンド旅行者（日本旅行の前にタイに渡航）が感染元とされています。同じく麻疹排除宣言を受けているアメリカでも2014年にディズニーランドを拠点に全米7州とメキシコ、カナダへの麻疹感染拡大が発生しました。

　いまや全世界的に麻疹の感染者数が増えている背景には、ワクチン接種率の低下があります。本来、ある集団のなかで95％以上の人がワクチンを打っていれば、たとえウイルスが入ってきても、ワクチンで免疫をつけた人が楯になって流行が阻止され、結果として、ワクチン接種年齢に達していない乳児なども守られます。つまり、社会として守ってゆくことができるのです。しかし反ワクチン運動の影響、あるいは、たまたま接種の日に発熱などで打つことができずそのままというケースも増え、その結果、2019年最初の3ヵ月で、全世界での感染者数が前年同期比で4倍になりました（https://www.who.int/immunization/newsroom/measles-data-2019/en/ 参照）。

　WHOから麻疹排除宣言がなされていない国々に赴くことは、その火元に飛び込むことです。したがって、麻疹予防にも意識を向ける必要があり、ワクチン接種がほぼ唯一の方法となります。

　麻疹ウイルスは直径5μ未満の、病原体のなかでも小型の部類に属

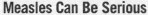

Measles Can Be Serious

アメリカ CDC の麻疹（はしか）啓発ポスター

します。これだけ小さければ、空気中に浮遊して飛沫核感染、いわゆる空気感染しますから、咳エチケットで飛沫を飛ばさないといった対策では防ぎきれず、また広範囲に感染させるおそれがあります。一人の感染者から何人が感染するかの基本再生産数（感染力の指標）は12〜18（図表3-6）と最高クラスを示しています。だからワクチンが必要なのです。

日本では今日、２回接種（１歳時と小学校入学の１年前から入学まで）が必要とされていますが、子どもの頃に２回接種の規定がなく、１回の接種にとどまる世代が多いこともあり、まだ接種を受けていないケースは意外に多いと実感しています。途上国への出張や赴任にあたっては、母子手帳、あるいは抗体価の測定などで確認してください。なお、麻疹ワクチン（麻疹・風疹混合のMRワクチン）は２回以上接種しても害はありませんから、どうしても確認できない場合には、まず接種するのも一法です。

◆ 2018年のはしか流行のニュース
　https://blogs.cdc.gov/

publichealthmatters/2015/12/year-in-review-measles-linked-to-disneyland/（検索ワード　New measles surveilance data for 2019）

図表3-6　基本再生産数

麻疹	👤👤👤👤👤👤👤👤👤👤👤👤👤👤👤👤👤👤
風疹	👤👤👤👤👤👤👤
インフルエンザ	👤👤👤
エボラ出血熱	👤👤👤
MERS	👤

コラム7　麻疹流行に見る反ワクチン運動の影響

　2018年以降、麻疹の感染者が急増とするいう深刻な事態が、アメリカのニューヨーク、ウクライナ、イタリア、フランス、マダガスカル、フィリピンなど、世界のあちこちで生じています。麻疹は、ワクチンを接種し免疫をもった人が人口の95％を超えれば感染拡大は見られなくなり、結果としてワクチン接種の対象とならない1歳未満の乳児や免疫機能に問題のある人も感染から守られます。

　ではなぜ、欧米先進国まで麻疹の流行に悩まされるのでしょうか。

　ひとつに、ポピュリズム政治家の台頭があります。もともとワクチンは、医療者や保健当局という「権威者」が実施するものというイメージがあります。決められた期間に接種に出向かなければならなかったり、集団で接種するという要素からそのようになるのですが、最近の新しい傾向として、ワクチン接種に反対して（反ワクチン運動に迎合して）旧来の権威筋と戦うポーズを演出することで、有権者の票を集める動きが生じています。

　また、他のワクチン接種でトラブルが生じると、そのとばっちりを麻疹ワクチンが受けてしまうこともあります。フィリピンでは新たに開発されたデング熱のワクチンを子どもたちに集団接種して検証する研究が行なわれましたが、これが一部の子どもにデング熱重症化をきたしたという事象がありました。その結果、フィリピンの親たちの間で、子どもへのワクチン接種を避ける動きを生じさせ、さらには麻疹流行時に「接種を受けていない子どもは学校に入れない」措置が検討されたことがあり、強い反発を招きました。

　日本では、幸いなことに、ワクチン接種を攻撃することで集票行動に結びつけようと考える政治家が一定の勢力になるには至っていません。しかし他国には、思いもかけない理由でワクチン接種をしないよう呼びかける向きもいて、流行してしまうことがあります。そんなことも意識して、出国前に麻疹・風疹ワクチンを2回接種済みか確認いただき、まだのようであれば至急打っていただければと思います。

風疹

　風疹は風疹ウイルスによって感染する疾患で、基本再生産数は5～7です。麻疹よりはやや低い数字ながら、感染力は強いほうに位置づけられます。症状は発熱、呼吸器症状、発疹などですが、風疹の本当の恐ろしさは、胎児に先天性異常を引き起こしてしまうことです。

　先天性風疹症候群としては、先天性白内障による視力障害、聴覚障害、心疾患などがあります。それを防ぐには、妊娠可能年齢の女性はもちろん、その女性に接しそうな人々、つまりは全員が（感染した既往のある人は別として）ワクチンを打つ必要があります。ワクチン接種からもれている世代（昭和37年4月2日～昭和54年4月1日の生まれ）の男性に対しては、無料で抗体価検査および陰性者に対する接種が行なわれています。

結核

　「何週間も長引く咳」で疑われる病気のひとつが結核です。日本国内では文学作品における「不治の病」の設定、若くして亡くなった歴史上の偉人の病名のイメージがありますが、発展途上国では一般的な病気です。日本でも結核感染者は発生しており、2017年時点で人口10万人当たり15です（この数字は最小とはいえず、日本は中蔓延国とされている）。東南アジアではインドネシア319、タイ158、ミャンマー358、ベトナム129、カンボジア326で、アフリカではナイジェリア219、コンゴ（民）322といずれも3桁なことから、現地で従業員を雇用するときには注意を要します。採用選考時に健診結果を提出させるのは一般的ですが、「この国では結核感染者をはじいていたら良い人材を採れない」という採用担当者の声を聞いたこともあり、悩ましいところです。日本では感染症の取り扱いを定める感染症法の規定により、診断した医師は全例を保健所に届けなければなりません。

　肺結核は発熱、咳や痰などの呼吸器症状が長期継続するのが一般的ですが、腎結核や腸結核など肺以外の臓器に感染することもあります。ケースにより、結核菌を排菌して他人に感染させる場合と、排菌しない場合があります。前者は多くの国で感染症指定病院に入院させる法的規定があるものの、必ずしもそのとおりでない国、医療へのアクセスにハードルが高く受診に至らない感染者の多い国もあります。

　感染様式は飛沫核感染、いわゆる空気感染の可能性もあるので、排菌していたことが判明した感染者と接触が確認される従業員には検査を受けさせます。咳や痰が数週間以上長引くなら受診を促します。

◆結核の統計（WHO）

http://gamapserver.who.int/gho/interactive_charts/tb/cases/atlas.html

被災地に潜むリスク

　地震、津波、台風、豪雨、竜巻など、世界的に災害が相次いでおり、ある日突然、自分の住んでいる場所が「被災地」にならないとも限りません。取引先や下請け先が被災し、現地に急行せねばならない事態も発生するでしょう。ここでは、そんなときに現地で注意すべき対象を取り上げます。

❖破傷風

　被災地における活動では、釘を踏み抜いたり、手足に負った傷口から土砂が入ったりする危険があります。破傷風菌は普段、サビや土など空気に触れにくい場所に棲息していて、傷口から侵入します。発症すると、けいれん発作、口が開かない、うまく話せないといった症状が見られ、さらには呼吸困難に至る症状もあり、致死率は20～50％と非常に高率です。

　日本で生まれ育った人であれば、通常は三種混合ワクチンを接種し基本的な免疫はありますが、上記のような傷口が汚染されるケースが想定されるなら、その段階で1回接種して免疫を高めることで（これをブースターといいます）、より強力に予防ができます。

❖レジオネラ

　空調や温浴施設などの設備から発生するエアロゾルに含まれ、それを吸入して感染することが多い細菌です。土壌中や河川にも棲息するため、災害時には広範に広まることがあります。

　発熱、咳、呼吸困難といった肺炎症状があります（一過性の発熱で済むタイプもある）。

❖消化器感染症

　災害によって給水がとまり清潔な水が得られない状況では、手足や

体を洗うのにも事欠き、消化器感染症の流行リスクが高まります。た
とえばコレラは通常の状態では抑え込めても、戦乱地や災害でインフ
ラが破壊された場所では大流行することがあります。戦乱でインフラ
が破壊されたイエメン、災害の救援にきた PKO 部隊によって持ち込
まれたハイチでの大流行が有名です。

❖蚊媒介感染症（デング熱、チクングニヤ熱、ジカ熱など）

　被災地では、土砂の流出や堆積・水たまりの増加によって蚊の発生
が増えます。そのため、蚊に媒介されるデング熱、チクングニヤ熱、
ジカ熱の発生数が増えることがあります。

マスギャザリング

　大勢の人々が1ヵ所に集まる事象をマスギャザリングと呼びます。日本集団災害医学会では「一定期間、限定された地域において，同一目的で集合した多人数の集団」と定義しています。多人数とは1000人以上とされていますが、東海道新幹線1編成の定員が1323人ですから、さほどの人数でなくとも当てはまります。たとえばメッカの巡礼（ハッジの時期には200万〜300万人が世界中から集まる）、オリンピック、ワールドカップ、遊園施設、中国の春節移動など大規模なものから、一国内の宗教儀式まで多種多様にありますが、このマスギャザリングのなかで感染症が拡散することが知られています。代表的なものが、麻疹、風疹、インフルエンザ、侵襲性髄膜炎です。

　2014年にはアメリカのディズニーランドで、どこかから持ち込まれた麻疹が入場者の間で瞬く間に感染し、全米から隣国まで感染拡大した事件がおこりました。日本で行なわれたボーイスカウトの国際イベント（ジャンボリー）への北欧からの参加者が帰国後に侵襲性髄膜炎を発症した例もあります（p.133「侵襲性髄膜炎」参照）。

　こうしたマスギャザリングは、国内のローカルの巡礼や競技大会などでも生じます。社員を出張・駐在させる際には、現地のマスギャザリングに相当する行事や、観光地などの情報を集めて当事者に提供することがのぞまれます。

鳥インフルエンザから新型インフルエンザへ

　インフルエンザウイルスには、人間に一般的に感染するもの（季節性インフルエンザ）と、動物に感染するもの（鳥インフルエンザ、犬インフルエンザ、馬インフルエンザなど）があります。

　動物のインフルエンザウイルスが遺伝子変異して、人間の世界に適応してしまうと新型インフルエンザになります。動物を介さず、人から人へと容易に感染するようになった状態かどうかが、人間の世界に適応したかを判断する目安です。この状態になるのではないかと思われ、社会不安の原因になった「元祖」が鳥インフルエンザ H5N1 で、日本国内では 2007 年から 2009 年にかけて、日本中で最大 64 万人の犠牲者が出る可能性があると、厚生労働省 HP に掲載されるなど大きな社会問題になりました。その後、2009 年には豚由来の H1N1 がメキシコから出現しました（H5N1 については結局、そのような事態にはならずに現在に至っている）。

　さらに、2013 年に中国の上海市・浙江省・江蘇省からヒト感染がはじまったのが H7N9 です。中国の庶民層は生鳥市場で鶏を購入し、

人間と鶏が近接した日常生活空間は新型ウイルス発生のリスク

自分でしめたり、あるいは店の人に屠殺と羽根の除去だけ依頼したり
します。そうした市場に出入りする階層だけが感染し、スーパーマー
ケットで冷蔵パックを買う富裕層にはまったく感染者が出ないという
のが最初の年の状況でした。やがてウイルスは内陸部まで含め広く拡
散してゆき、感染者が急増した2016年頃には、もはや封じ込めは不
可能と考えられました。一時は、H7N9が遺伝子変異して次の新型イ
ンフルエンザになるのではないかと噂されたりもしましたが、鶏にワ
クチン接種するなどの方法で、ようやく感染者数は減っていきました。
ウイルスの遺伝子変異はきょうも世界のどこかで進行しており、いつ
また同様の展開があってもおかしくありません。

　こうした鳥インフルエンザが人間に感染する事例が相次ぐと、「新
型インフルエンザの出現か」と社会不安に陥ります。前述の鳥インフ
ルエンザ H5N1 が新型インフルエンザになる「かもしれない」と疑わ
れて人々が浮足立っていた2007〜2008年の中国では、外国人が受診
するクリニックにタミフルの処方を要求する邦人が押しかけ、在庫が
ないとわかると声を荒げるという事象まで見られました。

　このような雰囲気のもとでは、現地当局がタミフルの流通を制限し
て入手困難になることもあり、日本では海外赴任者に限り、症状がな
くても抗インフルエンザ薬の処方を認める処置がとられ（ただし公的
保険の対象にはならず全額自己負担）、事前処方されたタミフルやリ
レンザを手に赴任できるようになりました。その後、タミフルやリレ
ンザの次の世代の抗インフルエンザ薬が続々と登場し、またタミフル
はジェネリック薬も出回ったことから、前述のパニック状況は忘れ去
られつつありますが、抗インフルエンザ薬の事前処方を認める取り扱
いは現在も有効です。

　なお、インフルエンザに罹患し、以下の症状が認められる場合は、
救急搬送が必要です。

【インフルエンザの重症化サイン】

肺炎、脳炎、脱水のサインを中心に、以下の項目があります。

◆呼吸が速い、息がしづらい、顔色が悪い

◆わけのわからないことを言う、けいれんが見られる

◆見当識障害（時間、人、場所の認識がずれる）

◆十分な水分が摂れない

◆いつもどおりの尿量が出ない

◆ひどい嘔吐、または継続する嘔吐

◆解熱後、再び体温が上昇

図表3-7 至急医療機関に搬送すべき危険な状態

症状	状態	病名
発熱＋下痢	感染性下痢、脱水、その他の感染症	旅行者下痢症（重症）、消化器感染症、MERS など
わけのわからないことを言う	意識障害、脳炎症状	脳炎、重症アレルギー（アナフィラキシー）
時間・人物・場所の認識がずれる	意識障害、脳炎症状	脳炎、重症アレルギー（アナフィラキシー）
顔が青く、呼吸困難	十分な酸素が取り入れられない	肺炎、インフルエンザ重症化、重症アレルギー（アナフィラキシー）
呼吸器が異常（ゼーゼー／ヒューヒュー）	十分な酸素が取り入れられない／気管支が狭まり十分な空気の通り道がない	重症アレルギー（アナフィラキシー）、喘息

　耳慣れぬ感染症が身近に入ってきた、感染が広がりそうだとなると、先進国でも発展途上国でも浮足立った雰囲気が社会全体に広まります。そんな雰囲気のなかでは、報道もヒートアップしていきます。発展途上国では、その報道がさらに激しく、さらに尾を引くことがあります。

　2009年の「新型インフルエンザ」の流行を記憶している人は多いと思います。インフルエンザH1N1が、メキシコの豚インフルエンザから遺伝子が変異して人間に適応し（ヒトからヒトへ容易に感染する能力を獲得し）、日本も新型インフルエンザ報道一色になりました。その後、死亡率もさほどでもなく、通常のインフルエンザ（季節性インフルエンザ）として定着していきましたが、それから8年、さらに10年経ったミャンマーで突然、新型インフルエンザだ！　との報道がはじまりました。

　そのときに流行したのは確かにH1N1でしたが、どの国でもとっくに「通常の季節性インフルエンザ」とされていただけに、新型だ、重症化する、死亡率も高い、といった報道がなぜなされるのか、わかりませんでした。ちょうどその頃、筆者は現地を訪問することがあり、ヤンゴン総合病院に以前勤めていた医師に病院内を案内してもらいました。救急部に入ると「ここはインフルエンザがいるかもしれないから、早く次に行こう」と、医師とは思えないことをささやいて次へと促されました。いわんや世間一般の不安感たるや、相当のものでした。その後、事情通に聞いたところでは、専門医までもがここぞとばかりにマスコミの取材におかしなことを言っていたようです。

　こうした、報道によって不要な不安を掻き立てられるのも発展途上国の一面です。そのような報道を見かけたら、いきなり噂を日本人社会に流すのではなく、まずは日本大使館に確認してください。大使館では政府の多様な層にパイプをもっていて、たとえその時点で把握していなくても短期間のうちに真偽のほどを確認して教えてもらえます。

MERS（中東呼吸器症候群）

　2013年にサウジアラビアやカタールといった中東諸国から流行がはじまった病気で、コロナウイルス（ウイルスが太陽のコロナのように見えることに由来。SARS（重症急性呼吸器症候群）も同類）の一種です。2015年には、ビジネスパーソンにより持ち込まれた韓国で、初期の院内対応の遅れも重なり大流行しました。このように、国境どころか大陸も大洋も越えて遠隔な国で騒動をおこすのがMERSです。中東へ出稼ぎに行った看護師によって持ち込まれたフィリピン、巡礼者によって持ち込まれたインドネシアなど、持ち込まれるパターンはさまざまです。

　ウイルスを保有する大本はコウモリらしいということまでは突き止められており、ラクダを経て人間に感染します。直接の接触のみならず、体液を通じて感染するので、サウジアラビア保健当局はラクダの生乳の飲用を禁止していますが、遊牧民を含むアラブの民にそれを守らせるのはむずかしいようです。現地では観光客をラクダに乗せて砂漠の端を一周するようなアトラクションもありますが、避けたほうが無難です。また最近は、病院内で他の感染者からうつされる院内感染が主になっており、家族内感染もあります。ラクダとの接触歴のはっきりしないケースも多く、中東に渡航歴があり、体調不良を自覚したら受診して渡航歴を申告してください。

　症状は発熱、咳、痰、呼吸困難といった呼吸器症状が主となりますが、下痢症状も多いことがわかっています。なかには呼吸器症状が激しくなる前に、下痢で受診して診断されたケースもあります。

　特効薬はなく、対症療法での治療が中心となりますが、重症化すると呼吸管理などが必要でICUでのケアとなります。

皮膚の中を虫が這いまわる！

　ある日、皮膚の一部がぷっくり膨れあがっていることに気づいたが、とりあえず痛くもないので様子見していたら翌朝、なんだか膨れた部分が少し移動したような気がする。気のせいかと思ったので、マジックで印をつけてみたら、明らかに移動している。まるでホラー映画だ！　何かが皮膚の下を這いまわっている、と慌てて地元の医師に見せたら、メスを持ち出し慣れた手つきで白い虫を取り出した…。こんなことがおこるのも発展途上国ライフです。

　これには、３つの可能性があります。

❖顎口虫症

　顎口虫（がくこうちゅう）は淡水魚に寄生する寄生虫で、川魚などを生で食べると感染します。川魚を刺身や寿司として提供するなどは本来、ありえないはずなのですが、経済発展前のミャンマーの日本料理店で、日本人と韓国人に集団感染が発生したことがあり、それが医学論文となって報告されています。

　予防法は、川魚は食べない、特に生では絶対に食べないということになりますが、未熟な料理人のいる日本料理店で出されてしまうこともありますから、評判を調べながら店選びをすることも必要です。

❖蠅蛆症

　蠅蛆症（ようそしょう）は、ハエの幼虫が皮下に侵入して棲息するものです。戦場映画などで描写される、傷口に蛆がわく場面がこれです。海外赴任で関係するのは、屋外に干した洗濯物にハエが卵を産みつけ、その衣服着用中に卵がかえって幼虫が皮膚を突き破って侵入し動きまわるというケースです。

　予防するには、屋外に干した洗濯物には、下着の１枚に至るまでア

イロンをかけることを徹底します。アフリカなど流行地では使用人（メイド）にアイロンがけをしてもらうのが一般的です。ホテルでクリーニングに出したらパンツにまでアイロンがかかっていてびっくりしたと感想を話す人がいますが、それは地域の事情に合致した一面もあるのです。

❖鉤虫症

ビーチを裸足で歩いたり寝そべったりするうちに、皮膚を突き破って侵入するのが鉤虫（犬鉤虫、ブラジル鉤虫）です。そのため、砂にじかに触れる（足を乗せる、横たわる）ことは避けます。

治療は外科的切除、つまり虫体のいる場所を切開して取り出すことになります。

トイレに落ちたうどんのような虫
寄生虫症、条虫症

　筆者がアフリカのセネガルに在勤中のある日、大使館の同僚たちと
ランチに出かけていると携帯電話が鳴り、援助関係者の一人が慌てた
口調で「トイレに行ったら、うどんが出てきました！」と伝えてきま
した。便器に落ちた「うどん」の話を食事中に聞かされた同僚たちは
なんともいえない顔をしていましたが、寄生虫症の一種です。

　寄生虫は、小さいものは赤血球におさまるサイズから、うどんサイ
ズまで大きさはさまざまですが、このケースはおそらく回虫（多く
の哺乳類の、主として小腸に寄生する動物で、線虫に属する）と思わ
れます。受診して駆虫薬の処方を受けるのが必要なことを説明し、受
診先を紹介して一件落着しました。

　条虫症は、加熱が不十分な豚肉に潜む条虫の幼虫嚢胞（嚢虫）
を摂取することで人に感染します。豚の生肉で感染するのが有鉤条虫、
牛肉が無鉤条虫です。いずれも消化器感染症として「うどん」の原因
になりえるほか、有鉤条虫症では神経系感染の可能性もあります。医
学生は「牛に角なし、豚に角あり」の語呂合わせで覚えます。

　海外駐在では、水道設備がない地域で職務を行ない、現地の人々と
同じものを食べていることもあります。開発関係の援助担当者、技術
協力の従事者、商社関係者など、多様な条件が考えられますので、寄
生虫症の罹患リスクも多種多様となりますが、回虫をはじめ多くの寄
生虫には、それぞれに適した駆虫薬を服用することが必要ですので、
早めに受診してください。

あらゆる動物に狂犬病

　狂犬病は、文字どおり、感染した犬が唾液を垂らして興奮状態になることからこの名がつけられていますが、忘れてならないポイントは「犬だけでなく、ほとんどの哺乳類に感染可能性があること」と「末期にはぐったりすること」です。犬以外の感染としては、猫、猿、コウモリ、アライグマ、タヌキなどが知られています（これら以外にもほぼすべての哺乳類）。

　筆者のアフリカ勤務時代、日本から愛犬を連れてゆき、他の動物に接しないよう用心して、自宅敷地内から一歩も出さずに「箱入り娘」扱いする同僚がいました。ある日、その愛犬が突然、飼い主の手に咬みつき、何針か縫う羽目になりました。数日後に愛犬は他界し、咬んだ犬の検査結果は狂犬病陽性で暴露後ワクチン接種を実施しました。

　咬み傷の縫合処置をしながら筆者が状況を尋ねると、理由もなく興奮した感じで様子もおかしかったとのこと。自宅にある大きな木にコウモリが常駐しており、そのコウモリの「空襲」により狂犬病ウイルスをもらってしまったようです。途上国では動物に近づかず、万一咬まれたり唾液がついたりしたら、医療機関を受診して医師の判断をあおいでください。動物咬傷では狂犬病ワクチンのほか、嫌気性菌（普段は空気に触れにくい細菌）などの他の病原体による感染に対しても手を打たねばならないことが少なくありません。

　なお、狂犬病ワクチン接種には、暴露前接種と暴露後接種があります。ここでいう暴露とは、動物に咬まれたり唾液が付着したりすることです。暴露前接種とは、あらかじめ接種をしておくことで、日本製ワクチンなら3回接種します。外国製ワクチンでは最近、WHO ガイドラインが改正され2回接種になりました。日本国内でも（日本製ワ

クチンが品薄傾向なこともあり）外国製ワクチンを輸入しているクリニックがありますから、接種回数については指示に従ってください。特に、動物との接触が多い方や、地方で活動し、咬まれてから処置まで時間のかかる方におすすめします。

　ある研究者は、ミャンマー山間部でフィールドワーク中に犬に咬まれ、人里に下りるのに4時間、さらに病院のある街まで4時間かかったエピソードを語ってくれました。行く先の様子がわからない場合も、暴露前接種がおすすめです。

　他方、暴露後接種は咬まれてしまったり唾液が付着してしまってから接種するものです。標準的には、咬まれた当日、3日後、7日後、14日後、28日後の5回接種しますが、他のやり方も認められています。共通するのは「咬まれた当日に第1回目の接種」なので、「咬まれたら当日中に医療機関に駆け込む！　あとは指示に従う。海外旅行傷害

街角のあらゆる場所で野良犬が棲息する発展途上国（ヤンゴン）

保険に加入していたらその連絡先に一報を入れる」を徹底してくださ
い。咬まれた当日の診察は、ワクチンを接種することに加えて、診察
結果によっては必要になる免疫グロブリン注射や抗菌薬処方により手
遅れになることを避ける意味合いもあります。

●●●事例9　優しさが裏目に出た4週間（狂犬病）

　商社勤務の夫に帯同してアフリカ某国駐在中、買い物帰りに、弱っ
た猫がかよわい声で鳴いているのが目にとまりました。生死の境にい
るように感じた女性は、急いで自宅に戻ってミルクをもってきて、あ
げようとしたところ、猫がいきなり指に咬みつきました。それまでの
弱った状態からは想像がつきませんでした。その光景を目撃した通行
人が猫をつかまえ、自宅まで同行し、すぐに受診すべきこと、この猫
を保健所に渡して検査したほうがよいことをアドバイスしてくれまし
た。

　さっそく受診すると、前後の状況からその猫が狂犬病に罹患してい
る可能性があることを指摘され、その場で注射を3本（狂犬病ワクチ
ン、免疫グロブリン、抗菌薬）されたうえ、3日後、1週間後、2週
間後、4週間後と、さらに4回注射を打ちにこなければならないと告
げられました。このときばかりは自分の猫好きを大いに呪ったもので
した。

TORCH
胎児への影響が懸念される病気

　妊婦が感染したら、胎児への影響が懸念される病気があります。TORCH は、胎児の発達に何らかの影響を及ぼし、先天性異常を生じさせるおそれのある病気の、英語の頭文字をとったものです。

◆ T：Toxoplasma トキソプラズマ症

　寄生虫症の一種。生野菜などがリスクとなります。

◆ O：Others その他

　たとえばジカ熱による先天性異常などが入ります。

◆ R：Rubella 風疹

　先天性風疹症候群として、難聴、心疾患、白内障を発症します。

◆ C：Cytomegalovirus サイトメガロウイルス

　黄疸、肝脾腫、脳内石灰化など、さまざまな症状があらわれます。

◆ H：Herpes ヘルペス

　先天性異常の原因になりえます。

侵襲性髄膜炎

　細菌（髄膜炎菌）によって感染する脳神経系感染症です。発熱、頭痛、嘔吐などの症状ではじまり、けいれんや意識障害などの神経症状が出てきます。分布域で有名なのがアフリカの「髄膜炎ベルト」地帯で、サハラ砂漠の南側を西はセネガルから東はエチオピアまで横断する地域です。イスラム教の巡礼を介して世界中に広まる懸念があり、サウジアラビアは、巡礼ビザの発給要件に髄膜炎ワクチン接種証明を要求しています。

　髄膜炎ベルト地帯以外にも散発的な発生はあり、発生地への渡航ではワクチン接種が可能です（日本でも最近認可された）。

図表3-8　髄膜炎の流行地

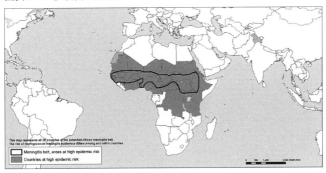

出所：WHO

海外赴任で咳が長引いたら

　熱は下がり（あるいは微熱）、体もしんどくない、日常生活にも差しさわりのない状態なのに、何週間も咳がぬけない。そんなときは、以下の病気かもしれませんので、受診して検査を受けてください。

❖慢性気管支炎／咳喘息

　大気汚染の激しいところで発生しやすいのが慢性気管支炎や咳喘息です。原因は、排気ガス、工場排煙、ヘイズ（インドネシアの焼き畑の煙が周辺諸国まで至るもの）、砂嵐（国によってハブーブ、ハルマッタン、黄砂など呼び名が異なる）などさまざまです。事例によって、抗菌薬や抗アレルギー薬など治療が異なります。

❖肺結核

　発展途上国では、人口当たりの結核有病率が日本よりひと桁違う国が少なからずあります。結核菌は空気感染があり、通常のマスクも通過してしまいます（マスクは、N95という特殊な規格のものを使う）。活動性結核と呼ばれる、実際に結核菌を排菌し他人に感染させる可能性のあるケースについて、強制入院の制度をもつ国もあるので、現地で受診するか、帰国して受診するかの参考にしてください（p.117「結核」参照）。

❖逆流性食道炎

　海外生活では接待やビジネス上の会食での暴飲暴食、就寝前の不規則な飲食もありがちです。胃液が食道まであがって粘膜を荒らすのが逆流性食道炎で、乾いた咳に、胸やけをともなうことが多く、放置すると吐き気の症状が出たり、がん化の原因にもなりかねません。胃酸を抑える薬の服用、就寝前の食事を避けるなどの対策がのぞまれます。

薬の服用

❖指示どおりに服用すべき薬［抗菌薬（抗生剤）、抗インフル薬、駆虫薬］

　いま、世界中の保健当局を憂慮させている耐性菌問題の主要な原因のひとつが、抗菌薬の不完全な服用です。途中で服用をやめたり、自己判断で服用量を減らすと、本来必要な血中濃度には足りない（細菌にとって生ぬるい）状況になります。このなかで、細菌が自己を変化させる生き残り戦略を実行してしまいます。熱が下がりかけたから残りは家族（同行者）にあげるなどは、リスクに身をさらす行為です。

❖継続服薬中の薬［抗うつ薬、降圧薬、糖尿病薬、抗てんかん薬…］

　日本にいるときから継続服用中の慢性疾患の薬は、出国前に主治医に英文紹介状を書いてもらい、渡航先で処方できるようにします。渡航先での受診をためらっているうちに薬が切れ、症状が悪化することにならないよう、現地に着いたら早めに受診しましょう。

　英文紹介状が手に入らない場合は、薬品名の「一般名」を検索して持参します。たとえば「カロナール」という薬ならば「カロナール　添付文書」で検索すると、末尾に「一般名：アセトアミノフェン（Acetaminophen）」と出てくるので、これをメモして見せます。日本人の医師や看護師が常駐するクリニックでは、相談に乗ってもらえるケースもあります。会社の看護師や産業医の手伝いが得られればMIMS（p.203）やVIDAL（p.203）などのツールで割り出すことも可能です。

❖「手抜き」しながら服用できる薬

　薬の服用は、診察医の指示（処方箋）や市販薬では説明書どおりが原則ですが、「頓服」と表示されている薬は、症状により、ある程度手抜きが可能です。他のメンタル疾患の合併がない場合の睡眠薬や抗不安薬も、主治医と相談のうえ、服薬調整が可能なことがあります。

スタンバイ治療

「あらかじめ治療薬を持参しておき、ある疾患を疑わせる症状が出たと考えられる状況になったら自己の判断で服用する」ことをスタンバイ治療といいます。代表的なのは抗マラリア薬です。症状が出ても受診できないような山間部などに出かけるときに、あらかじめ抗マラリア薬を持参するという用い方をします。

インフルエンザでは、海外渡航の場合に限って抗インフルエンザ薬の事前処方が認められています。これは、鳥インフルエンザのヒト感染や新型インフルエンザが発生した場合を想定し、発生した現地で抗インフルエンザ薬が枯渇し入手困難になる事態を想定した措置です。その後、新薬（ゾフルーザ）が発売され、タミフルのジェネリック薬が発売されるなど抗インフルエンザ薬の需給状況が変化するなかで、最近ではあまり話題にのぼらなくなりましたが、現在でも可能です。

ただし、こうしたスタンバイ治療には議論があり、あくまでも緊急避難的なものととらえるべきです。マラリアでは、「流行地域に入って1週間以上が経過し38℃以上の発熱があり、かつ24時間以内に医療機関に受診できないとき」を原則にしています。症状があらわれてから（検査なしで）自己判断で服用することになり、たとえばマラリアだと思ったけれど食中毒だった（マラリアでも下痢症状があらわれることがある）、インフルエンザだと思ったらマラリアだったという場合には不適切な服薬になり、本来の治療が手遅れになることにもなりかねません。医療機関をできる限り受診してください。

◆マラリア予防について（日本寄生虫学会）

http://jsp.tm.nagasaki-u.ac.jp/wp-content/uploads/2015/12/standby.pdf

渡航前に接種すべきワクチンと帰国後治療機関

　渡航前にどのワクチンを接種すべきかについては、厚生労働省検疫所 HP（「FORTH」p.198）や外務省「世界の医療事情」（p.198）に記載があります。渡航先によって必要なワクチンに違いがありますので、あらかじめチェックします。また、海外渡航について知識をもち、ワクチン接種と同時に健康情報もしっかり伝えてくれるトラベルクリニック情報は、日本渡航医学会 HP から検索できます。

◆厚生労働省検疫所「FORTH」ワクチンのページ
　https://www.forth.go.jp/useful/vaccination.html
◆外務省医療情報
　https://www.mofa.go.jp/mofaj/toko/medi/index.html
◆日本渡航医学会トラベルクリニックリスト
　http://jstah.umin.jp/02travelclinics/index.html

　一方、帰国してから発熱、下痢、発疹等々の症状が出てきて、その原因が発展途上国滞在中にあるかもしれないと思ったときの受診先の目安となるのが、日本渡航医学会が HP で公表している帰国後医療機関リスト（http://jstah.umin.jp/03posttravel/index.htm）です。

　リストにあげられた医療機関が近くになく、かなり遠方まで出向かなければならないなら、感染症科の看板を掲げている病院などをあたってみましょう。厚生労働省 HP に、感染症指定医療機関のリストが掲載されていますので参考にしてください。

◆感染症指定医療機関の指定状況（厚生労働省 HP）
　https://www.mhlw.go.jp/bunya/kenkou/kekkaku-kansenshou15/02-02.html

コラム9　着任したら病院にまず足を運ぼう

　初めての場所に着任したら、挨拶まわり、前任者引き継ぎ、生活立ち上げと並んでまず足を運ぶべき場所、前任者がいれば忘れずに聞いておくべき情報が、医療機関の場所と最初の受付方法です。

　病院に本来の目的で訪れるのは（営業や寄付や提携といった例外はあるとしても）「具合が悪くなったとき」です。高熱が出ているかもしれません。頭がガンガン痛いかもしれません。体中に重しをぶら下げたようにだるいかもしれません。いずれにしても気分は晴れません。頭の回転も普段どおりにはいかず、現地語がなんとかそこそこのレベルに達していても思うようには話せないでしょう。そのような状況で、これまで行ったことのない場所を探し当て、建物に入ってからも、受付カウンターがわからず「こっちじゃない、あっちだ」と早口の外国語で言われながら右往左往するのは、それだけで消耗する経験です。海外の総合病院では、初診窓口、〇〇科受付、検査受付、レントゲン受付、地域連携窓口に加えて、カルテ作成受付、重症軽症振分け受付、外国人受付などが、現地の文字や言葉で書かれていたりします（たとえば「triage」「桂号」は初診段階で行くべき場所だが、何をする窓口かはなかなか想像できない）。

　ぜひとも着任後、まだ体調を崩していない段階で、受診できる病院がどこにあるのか、どうやって到達するのか、院内で最初に行くべきカウンターはどれか、自分の目で確認してください。

病院外来の看板。「Registration（登録）」「Triage（トリアージ、重症度による振り分け）」「Emergency room」のどのカウンターに最初に行くべきか？

富裕層向け病院の一角に設けられた日本語セクション（ジャカルタ）

第4章
日常生活でのリスク

蚊が大発生するのはこんな場所

　発展途上国の生活では、動物や昆虫との接触機会も多くなります。図表4-1は、ミャンマー最大の都市ヤンゴン在住の日本人がどのような昆虫もしくは動物に、どれぐらいの頻度で刺されているか（咬まれているか）を調査したものです。

　もっとも多かったのが「蚊」です。実に9割以上の人が刺された経験があり、約3割がほぼ毎日、半数以上が週1回以上、刺されています。蚊の幼生（ボウフラ）は、家庭内の花瓶、植木鉢、排水溝や道路の水たまりなど、どこにでも棲息する可能性があります。雨季のある国では水たまりが乾く前に次の雨が降るので、まさに「蚊の牧場」化します。また、急速に発展してゆくなかでリスクとなるのが工事現場です。「最後のフロンティア」の経済発展が離陸すると、あちらこちらで工事がはじまり重機で穴を掘りはじめます。そこに水がたまっても工事現場のほとんどはトタン壁などで覆われていて外からは見えず、いつの間にか蚊が大発生しているかもしれません。

　シンガポールでは、デング熱に感染した邦人を調べたら、自宅マンション近くに工事現場のある人に比較的多かったという学会発表があ

図表4-1　ヤンゴン在住邦人は何にどれぐらいの頻度で刺されているか

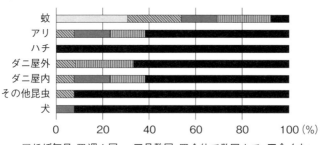

りました。イスラム教徒の多い地区と仏教徒の多い地区が混在するタイのプーケットでは、仏教徒地区のほうが蚊が多かったという調査報告もあります。仏教徒は、仏像に水をかけたり、生け花を供えるなど「水がたまるシーン」が多いことが一因と思われます（Thammapalo S, et al: Southeast Asian J Trop Med Public Health. 2005; 36(2): 426-33. 参照）。

ヒアリに刺されたら
魔法の言葉「ひあり おくやみ」

❖アジア中に分布するヒアリの仲間たち

　2017年に日本国内でヒアリの確認が相次ぎ、メディアには「殺人毒アリ」などの見出しが躍りました。実際には、ヒアリに刺されて亡くなるケースはアナフィラキシーショックによるものですが、早急に処置することが大切です。

　ヒアリは、正式には Solenopsis invicta、通称 Red fire ant、日本名はアカヒアリです。中南米原産ですが、船荷に乗って拡散し、現在はアメリカ、台湾、中国、オーストラリアなどに分布しています。

　ヒアリよりはるかに拡散の歴史も範囲も広く、アジア中に分布しているのが、Solenopsis geminata、通称 Tropical fire ant、日本名はアカカミアリです。同じく中南米原産ですが、16世紀には原産国アカプルコを出て西インド諸島航路に乗ってフィリピンに上陸しました。アカヒアリよりは毒性は穏やかかといわれていますが、アナフィラキシーショックをおこすことがあり、分布範囲が広いだけに要注意です。

❖ヒアリ本家の中南米、そしてアメリカ南部

　ヒアリが定着しているアメリカ南部では、アナフィラキシーショックによる犠牲者、刺された局所の皮膚症状といった人間の被害だけでなく、電気製品のなかに入り込んで故障をおこしたり、漏電による火災までおきています。農業の被害も深刻で、ヒアリが巣をつくり蟻塚だらけになった農地では立ち入ることもできず耕作放棄地となったり、家畜が犠牲になったりと影響は深刻です。

　問題は、グローバリゼーションが進む今日、こうした被害が拡大する可能性があることです。日本国内で見つかる例はその多くが中国南部からの船荷に乗ってきます。中国南部ではすでにヒアリが定着して

図表4-2　ヒアリ定着の可能性のある地域

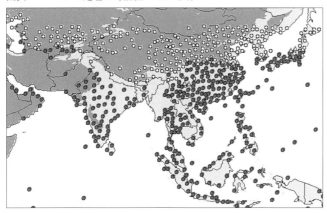

出所：USDA（アメリカ農務省）

おり、今後はアジアをはじめ他国への拡大が考えられるにもかかわらず、対策に十分な資金や労力がかけられるか心もとないのが実情です。ヒアリ対策の目的は「定着させないこと」にありますが、アメリカや台湾でも対策がうまくゆかず定着してしまいました。現時点で定着が確認されていない国にあっても赴任者には正しい知識が必要です。

❖アナフィラキシーショックに対処する（ハチも同様）

　ヒアリの犠牲者は喰い殺されたわけではなく（けっして「殺人アリ」ではない）、「アナフィラキシーショックの処置が迅速に受けられなかったことによる手遅れ」が原因です。では、手遅れで死なずに（あるいは後遺症を残さずに）済むには何をすればよいでしょうか。キーワードは「ひあり　おくやみ」です。これは、ハチも同様です。

◆ひ：冷やす（局所を冷やす。局所の炎症を少しでも緩和する）

◆あ：洗う（毒成分を洗い流す。吸い出すことができれば、なおよい）

◆り：リスクに直面していると認識（緊張感をもってもらう）

◆おく：お薬（抗ヒスタミン薬、ステロイド、場合によっては抗生剤）

◆や：休む（20〜30分間の安静）

◆み：見守る（周囲の人間が刺された人を観察し、アナフィラキシーショック症状があらわれたら、ただちに救急搬送する。その前提として、一人にならない、一人にさせないことが大切）

　毒を洗い流す（吸い出す）にあたっては、ポイズンリムーバーがあれば効果的です。注射器型の器具で、局所に陰圧をかけて毒成分を吸引します。日本では製造されていませんが、アウトドア愛好家を中心に需要が高まっており、海外製の製品が通販サイトで1000円ぐらいで購入できます。赴任前にあらかじめ購入しておくとよいでしょう。

　アナフィラキシーショックの症状としては、

◆血圧低下（顔面蒼白、冷感）

◆呼吸困難（息苦しさの訴え。喘息発作のような音が聞こえることも）

◆全身蕁麻疹

◆意識低下（ぼうっとする、呼びかけに応答がない、わけのわからないことを言うなど）

◆消化器症状（腹痛、嘔気など）

があります。発展途上国では公的な救急システムが未整備なことは珍しくありませんので（そもそも存在しない）、医療アシスタンス会社の連絡法（海外旅行傷害保険の連絡先電話番号や、会社で契約している場合にはその連絡先）や救急車を私有している富裕層向け病院の連絡先がすぐにわかるかどうかは、本件に限らず生死の分かれ目にもなりえます。携帯電話に登録しておくだけでなく、コピーを複数枚持ち歩き、居合わせた人にも連絡を依頼できるようにしておきましょう。

◆厚生労働省検疫所「FORTH」

　https://www.forth.go.jp/index.html

銃声を聞いたら
Run! Hide! そして…

　病気と並ぶ海外のリスクは銃犯罪や騒乱への遭遇です。アメリカの銃乱射事件が大きく報道されていますが、一般人が銃を所持している国はアメリカだけではありません。筆者はコンゴやアルジェリアでは銃をもった護衛つき防弾車での出迎え、移動でした。また、銃声というのはアニメのようにドキューンとは聞こえず、パンパンと弾けたような音です。

　身近で、この乾いた音が聞こえたらどうするか。まず逃げます（その場から立ち去る）。国によっては、警察に犯人と誤認され撃たれてしまうのを避けるため、両手をあげて逃げます。逃げられる状況になかったら、「隠れる」。鍵をかけて家具を積み上げて声を潜めて待つ。携帯電話は着信で気づかれないようにスイッチをオフにする。そして、「戦う」（日本人の文化には少々合わないが…）です。アメリカのテキサス州ヒューストン市当局が作成した RUN. HIDE. FIGHT. Surviving an Active Shooter Event というビデオは一度、見ておくとよいでしょう。YouTube で見ることができます（RUN HIDE FIGHT 日本語字幕版 https://www.youtube.com/watch?v=tCEuKEIbB_M）。

　日本の外務省は、「伏せる、逃げる、隠れる」を提唱しています（外務省「ゴルゴ13の中堅・中小企業向け海外安全対策マニュアル」（第12話「有事への対応」）https://www.anzen.mofa.go.jp/anzen_info/golgo13xgaimusho.html 参照）。いざというときに行動できるようにしておきたいところです。

爆発音を聞いたら
とっさに伏せて爆風をやり過ごす

　銃声と並んで、対処が運命の分かれ目となるのが爆発音です。テロや事故で爆発がおきたときの被害は、破片による直接受傷だけでなく、爆風によって受ける被害も大きいのが実情です。

　筆者はパリ在勤中に、列車内で爆弾テロに巻き込まれた邦人に関与したことがあります。一報を受けて領事（邦人保護担当官）とともに救急搬送先に駆けつけ担当医と話すと、聴覚関連の受傷を告げられました。爆風によるものです。こうした、体全体が吹っ飛ばされたり、鼓膜が損傷したりする爆風による被害を防ぐのに有効なのが「伏せる」です。爆発音は複数回にわたることもありますから、当面は伏せて動かないという行動が、身を助けることになるかもしれません。

道順や電車の経路を変える
行動パターンを変えることを習慣づける

　現地の治安状況によっては、あるいは本人の立場や権限によっては、襲撃、待ち伏せ、拉致といった事態に遭遇することも想定すべき場合があります。通常、襲撃や待ち伏せ、拉致が実行に移される前には一定期間の「調査」が行なわれています。ターゲットが何時に自宅を出て、どの経路で出勤するのか。一定の時間にお決まりの道を必ず通るのであれば、難易度の低いターゲットということになります。

　赴任国での通勤手段が運転手つきの車であれば、少なくとも数パターンの経路を用意しておき、毎朝出発時に「きょうはＡルート」と指示を出します。本人以外は当日のそのときまで、どの道を通るかわからずランダムであること自体が抑止力になります。自分が運転するなら、不定期に経路を変更します。これは、日本国内にいるときから習慣づけておくと抵抗なくできるようになります。いつもの通勤電車を前後にずらしてみる、乗る車両をしばしば変えるようにすれば、実は○両目は空いている、○○駅で乗り換えれば座れる、各駅停車に乗れば、わずか○分乗車時間が伸びるだけで座れるなど、新たな発見があるかもしれません。

　「一定行動をとらない」習慣を日本にいるときからぜひ体に染み込ませてください。

本当にこわい交通事故

　発展途上国で一番こわいことはなんですか。多くの専門家が口をそろえるのが、「交通事故」です。横断歩道に突っ込んでくる車、白線をまたぎながら走る車、われ先にと交差点に鼻先を競うなど、交通ルールなど無きがごとき現地の道路は戦場です。首都を一歩出ればセンターラインもない、穴ぼこばかりの道が「高速道路」で、そんな道路上でバスが見事にひっくり返っている画像がしばしばインターネットやマスメディアをにぎわせます。

　交通事故に遭遇するリスクが高いのは、ひとつに歩行者優先という常識が存在しないことがあります。また、左ハンドルの国ではわれわれ日本人が体で覚えた方向とは正反対から車がきます。現地の人は信号も横断歩道もないところを、車の間を縫うようにひょいひょいと器用に通り抜けていくので、郷に入ればと試みるなら、たちまち背中は冷や汗でびっしょりです。

　しかしこういった交通事情は、事故がこわい理由の一面にすぎません。本当のこわさは「医療事情」と結びついて牙をむきます。先進国の医療をもってしても交通事故は複雑で困難な診療を迫られます。頭部打撲、腹部損傷、そこには外傷医療の専門医たちがチームを組み、億単位の高額な医療機器を駆使しながら対応にあたるテレビドラマばりの光景が日常的に展開しています。一方で、多くの発展途上国では、救急システムも整っておらず（公的な救急搬送システムが存在する国すら少数)、現場から何時間もかかってようやく到達した医療施設は、スタッフの経験も清潔度も未知数です。現地で複雑な手術が不可能となれば（そして適切な保険加入があれば)、治療が可能な先進国まで航空機で緊急搬送8時間なども日常的です。つまり、ふさわしい治療

が受けられる病院の門をくぐるまでに丸1日以上の時間が経過してしまい、出血や感染リスクが上がるのは明白です。発展途上国では、マラリアやエボラ出血熱、MERS などにも増して、交通事故のリスクを意識することが必要です。

経済発展著しい都市の道路はいつも戦争状態 (ジャカルタ)

一見、整然と見える道路も歩行者に優しくないので注意 (バンコク)

雨季の冠水道路はこんなに危険

　東南アジアの雨季には、毎日のように大量の降雨が続き、水たまりが乾く前に次の雨が降ります。まとまった雨が降れば、道路が冠水することも日常茶飯事で、地元の人は慣れた様子でジャブジャブと泥水のなかを歩いて行きます。

　しかし、冠水した道路には危険がいっぱいです。泥水では足元が見えないのがひとつ。ゆるんだ地盤で、道路に穴があくことも珍しくありません。そこに突っ込んでしまえば、けがのもとです。地元の人ならわかる木の切り株や段差、あるいは、たまたま流れてきたものに当たれば、これまたけがのもとです。

　汚水のなかでけがをして恐ろしいのが破傷風（p.118）です。予防接種をしておらず発症したなら、医療施設の整った日本でも20〜50％のきわめて高い致死率です。

　普段の行動範囲で冠水しがちな場所、過去に冠水した場所などは会社の現地スタッフや地元の人はよく把握しているので、聞きながら行動計画を立てましょう。

　蚊媒介疾患（デング熱、チクングニヤ熱、ジカ熱）の増加やレジオネラなどの呼吸器感染症のリスクも高まります。

水没した道は危険（ヤンゴン）

大気汚染

　経済発展さなかの発展途上国は年々、大気汚染が問題視されてきています。インド、タイ、インドネシア、シンガポール、中国、韓国など、すでに企業進出の拡大している国々でも、大気中微粒子（PM2.5やPM10）、一酸化炭素、オゾンなどの大気汚染が深刻化しています。また、インドネシアの焼き畑農業で発生する煙はインドネシアはもとより、海を越えてマレーシアやシンガポールまで及び、ヘイズ（微粒子により視界が悪くなる現象）による健康障害も広まっています。現地では、毎日のヘイズによる大気汚染レベル予報を参照しながら外出を判断します。

　大気汚染の指標にはAQI、PSI、APIなど複数あり、それぞれ意味するものは異なりますが、いずれも50以下なら安全、300以上なら危険といえます。そして、高レベルが示された際には、①窓・ドアを閉める、②エアコンを再循環モード（外気を取り入れない）で使用する、③屋外ではN95マスクを使用する、が注意事項としてあげられます。ただしN95マスクは正しく使用しないと顔面との間に隙間ができ、空気漏れが生じるので効果がありません。気温の高い場所では正しい使い方をすると苦しく、ついつい隙間ができがちなので、あまり過信しないほうがよいでしょう。

　肺気腫、心疾患、気管支炎、気管支喘息などの基礎疾患があると高リスクになるので特に注意が必要です。

◆大気汚染確認サイト

　シンガポール　https://www.haze.gov.sg/

　マレーシア　http://apims.doe.gov.my/public_v2/home.html

　ASEAN　https://haze.asean.org/

頭上に注意！　足元にも注意！

　頭上にも足元にも注意を怠ってはならないのが発展途上国の生活です。日本では、最近の工事現場は防音シートで覆われ、視覚的にも聴覚的にも中の様子をうかがい知ることはできないものの、労働安全衛生法で細かな安全基準が設けられ、それに従う形で安全が確保されています。一方で、発展途上国では、写真のように、むき出しになったパイプだけの足場に、安全帯（命綱）もなしに道具を抱えて作業したりしているのが、丸見えです。

　電線も写真のとおりで、電気工事をしていても、その真下はたいてい立ち入り禁止にはなっておらず、通行人が行き来します。足元を見ても、その様子は写真のとおりですから、発展途上国の道路を通行するときには、上も下も注意が必要です。

鉄パイプのみの足場で作業する作業員たち。現場の真下は通行規制されず普段どおり通れることが多い。頭上注意！

見上げれば電線はこんな状態

工事中も危険防止がはかられない発展途上国の道路。右側の商店は普段どおり営業中で、左側の道路も通行規制なく普段どおり通行可。足元注意!

高地のリスク

　著しく標高の高い場所（高地）を訪れるときは、急性高山病、急性脳浮腫、急性肺水腫などのリスクがあります。登山などに限らず、出張で訪れた都市が高地という場合もあります。たとえばボリビアの首都機能をもつラパスは3640m、エチオピアの首都アジスアベバは2355ｍの標高に位置します。赴任中にちょっとした観光をするとして中国の景勝地の黄龍が3100m、チベットの拉薩は3700mと、アジアでも標高の高いところがあります。

　おおむね2500ｍを超えると血液中の酸素が減る低酸素血症になり、個人差はありますが、急性高山病のリスクが高まります。その症状は、頭痛、嘔気嘔吐、脱力感、不眠、めまい、食欲不振などです。高山病とまでいかなくても、なんとなく体調不良で、やたらお酒に酔いやすかったり、乗り物酔いしたり、お腹がゆるくなったり等々でパフォーマンスが低下します。明らかな高山病になれば、急性脳浮腫で意識低下やバランス感覚の異常を、また急性肺水腫により咳が続いたり呼吸困難になったりと生命の危険に及ぶこともあります。

　特に一気に高地に入り、タイトなスケジュールで動きまわるときにリスクが上がりますので、高地順応に要する２～３日は極力動かず静かにするのが理想です。順応する時間がとれなくても上記の症状が出たら絶対に無理をせずに安静に努め、可能な限り標高の低い場所に移動してください。また喫煙、飲酒、疲労、睡眠不足がリスクを高めますので極力避けます。

　予防薬としてアセタゾラミド（ダイアモックス）が有効です。高地に行くことが確実な場合には近くの医療機関で処方してもらい持参しましょう。

第5章
本社のフォローと
外国人雇用

日本の本社に知ってほしいこと
浮き上がる認識ギャップ

　ミャンマー現地調査での「日本の本社に知ってほしいこと」のアンケート項目からは、現地側と本社側との認識ギャップが明らかになりました。そこに記されている多くの課題は、今後の新たな進出国で応用できます。

　【2014年】［＋2年］

　進出初期、様子見から一歩踏み出しかけた時期です。進出本格化前で本社との軋轢はまだ目立っていませんが、軍事政権時代から地歩を築いていた（あるいは現地人スタッフに権限を与えて細々とでも存続していた）企業からは、仕事の進め方等のコメントがありました。

◆食生活での健康への影響（運動不足も含め）

◆日本人同士での人間関係だけでなく、いかにローカルの人たちに溶け込むかが重要

◆ミャンマー人上司との関係。連絡が下りてこない。突然仕事をふられて非常に大変

◆交通事故が心配。まともに治療してくれるか？　医療機関のレベル、特に手術は相当に低いと思う

　【2015年】［＋3年］

　日本国内と現地との温度差ギャップが凝縮された「日経新聞ほど熱くない」の一言が目を引きました。ここでの「日経」は国内報道の象徴として用いられていると思われますが、進出初期は日本国内での加熱報道を見て期待するほどには最初から熱が上がるわけではなく、時間の経過速度が異なることの理解が求められています。

　たとえば、いまでは順調に日系企業の工場が稼働するティラワSEZ（日本主導でインフラ整備がなされた経済特区・工業団地）も、

報道で熱く語られはじめた頃は、まだ牛がのんびり草を食む草地でしかありませんでした。しかし国内報道の熱い盛り上がりを受け、現状にそぐわない過剰期待から、現地に対して現実離れした要求を言ってこられる苦悩が語られています。

　交通事情の混沌さも、現地を経験していなければ実感しにくい部分です。

◆ミャンマーはなんでも速度が遅い。「This is Myanmar ！」

◆ミャンマーでは命の値段が安い。事故等にあったときの補償が安い。ローカル（ミャンマー人）が加害者の事故では、ケガの補償は300ドル、死亡でも1000ドル。しかも交通事故にあう確率が高い。現地にきて4ヵ月だが知人3人が交通事故にあっている

【2016年】［＋4年］

　インフラ関連の問題、特に住環境についての、本社と現地の認識ギャップが明らかになりました。すなわち、先進各国からの進出によって、外国人が居住可能な住居の需要が急増する一方で、建設が追いつかず、需給が非常にタイトになる（すなわち家賃が高騰する）時期が一定期間生じます。しかし本社側の認識がその点についていかなければ、停電や水漏れ、衛生水準が満たされない不潔な環境の、現地人向けローカルアパートへの居住を余儀なくされ、身の安全も脅かされることになります。

　経済発展が進み貧富の差が拡大しはじめると、それまで治安良好で素朴と目されていた国でも、タクシー強盗などの犯罪が増えるなど、治安が悪化していきます。この点も本社側の認識が遅れると、安全配慮義務の観点からも深刻な事態に至る可能性をはらんでいます。

　本格的に進出が進み、ビジネス上の問題点が種々明らかになってくる時期には、文化、商習慣、約束の概念、現地パートナーとの関係など、日本との違いについて、本社の認識のギャップが大きくなること

がわかります。この状況が続けば、OKY（「おまえが来て、やれ」。会社の枠を越え、現地の駐在員が口にしている言葉）の叫びに象徴されるストレス要因になるとともに、ビジネスがうまくいかない原因ともなりますので、この時期は本社と現地の情報交換を意識的に密にしていく必要があります。

◆停電、水漏れなど、ローカルアパートではインフラが不足している。サービスアパートに住めるだけの住宅手当希望

◆他の ASEAN 諸国よりも生活しにくい（とりわけ住居費など）

◆意外に治安が悪い

◆タクシーに危険があるため、車の手配をしてほしい。家賃を2000ドル以上払えなければ衛生や安全を確保できない。物価は安いが、安全・健康を確保するためには日本と同等額の生活費がかかる（食費、日用品）

◆医療インフラの低さも知ってほしい

◆決めたことが守られない。日本の商慣習が通用しない

◆日本とミャンマーは同じではないこと、異なることを認識してほしい。そして「できない＝劣っている」と考えるのは違うと思う

◆日本側の責任者が駐在していない場合、日本側が現地パートナーをコントロールすることのむずかしさ

◆報道されているほど、日本企業の進出は進んでいない

◆日本で当たり前でもミャンマーではそうでないことがたくさんある。ミャンマーでは日本では絶対に起こらないようなストレス要因がある

◆マナーの向上［ミャンマーを尊重するというマナーが本社には必要］。日本の本社は長期的計画をもってほしい

◆政治問題も大事だが、ミャンマーの生活習慣やミャンマー人の気質を知ってほしい

◆余暇にすることがない

【2017年】［＋5年］

　現地の法制度、インフラの整備が途上であることや、現地人の気質などにより、日本側の期待値ほどにはビジネスが進まず、現地側と本社との間の緊張関係がうかがえます。想定外の突発的事態がおこりうることに対する本社側の理解が十分でなければ、板挟みとなる現地駐在員には、本来は不要なストレスがかかることとなります。

◆ミャンマー人の気質、国特有の事情により仕事が遅れる

◆仕事が進むスピードがきわめて遅い

◆生活環境のハードシップはいまだによくなっていない

◆電気、水道環境の未整備

◆物資の入手難

◆日々の生活について駐在員が「大丈夫」と答えたからといって、「万事がOK」とは本社には理解してほしくない

◆ミャンマーでは、突然の出来事はあたりまえ

◆インフレで物価は相当高い

【2018年】［＋6年］

　国内報道にもとづく本社側の理解と現地事情とのギャップが引き続き指摘されています。業務上の連絡や情報交換は続くものの、いわゆるロヒンギャ問題のような政治問題も発生しています。有名企業の進出計画発表など、注目を集めつつある国での出来事は瞬間的に大きく報道され、それが途絶え、また何かのはずみに大きく報道されるということを繰り返します。そこから醸し出されるイメージは現地の実際とのギャップを広めることにもなりますので、報道が出る都度、現地とのすり合わせの作業が重要となります。

　また、進出開始から一定期間が経過し邦人数が増えるにつれ、邦人間の軋轢が生じるようになります。この時期には、海外生活の経験の少ない（あるいはまったくない）人、経験があっても国内感覚との切

り替えがうまくいっていない人が赴任してきたりします。あるいは、現地人相手に主張するスキルをもたぬ裏返しもあってか、日本人相手にクレーマーまがいの態度をとったり、現地人に対してハラスメントを働き同僚の日本人が不快な思いをするような事象も出てきます。こうした、「同胞の日本人がストレス源になる」ことが現実におこりうる点は、あらかじめ海外派遣者に情報として伝え、心の準備、あるいは業種によっては顧客対応のノウハウとして蓄積していくことも有用です。

◆物価は安くない

◆日本のようにはいかない、ミャンマーの人は日本のような高品質を求めていない。（取引先に）日本人が働いていると知ったら要求が増えたり、（相手が）日本人だからと、いろいろ言うのはどうかと思う

◆思ったよりミャンマーは閉鎖的

◆ミャンマーに対する本社のイメージがよくないので、ポジティブな面を知ってほしい

◆ミャンマーの実態（ラカイン問題に代表される宗教・少数民族問題への無理解、期待先行の経済的なポテンシャル）の過大評価

◆インターネットが弱いこと

【2019年】［＋7年］

　日本とミャンマーとの文化の違い（が本社側に認識されないこと）が基本にあり、また、日本におけるミャンマーに関する情報が限定的であることから、より積極的な理解が求められます。

　経済発展が離陸したこの時期で注意が必要なのは、インフラ整備状況にムラや振幅があるという事実です。ある程度の投資で整備できるインフラ（タクシー、バス）、巨大な資金と政治判断まで必要なインフラ（電力、鉄道）、経済的インセンティブが働き民間業者同士で競争しながら発展してゆけるインフラ（インターネット、スマートフォ

ン、日本食店）、経済的インセンティブも働かずおいていかれがちな
インフラ（清掃、感染症対策）、経済的インセンティブはあっても採
算分岐点が高く初期には整備がむずかしいインフラ（日本語による医
療）があります。先行して整っている分野がある一方で、変わらない
分野も多く、ある一面を見て、「○○国も発展した！」と早合点せず
に、現地に駐在する者の支援を続けてゆくことが必要です。

　文化的要因についての理解、現地人の行動様式や考え方も引き続き
指摘が続いています。継続した理解、知見の蓄積が求められます。

◆ミャンマーは日本とさまざまな点で大きく異なる。日本の感覚で理
解できないことを理解してほしい

◆日本に知られているミャンマーはごく一部であり、進んでいるとこ
ろ（たとえば通信インフラ）と遅れているところ（たとえば医療イン
フラ）の差が大きい

◆ミャンマー人スタッフに日本クオリティの受け答えを求めるには相
当時間がかかる

◆医療的に乏しいと思う［先進国からきた者がかかれるレベルの医療
機関が少ない］

◆インフレが厳しく生活が圧迫される。物価が急上昇

◆ミャンマー人のマネジメント。日本のルールがわかる人たちではな
い！

◆日本の文化・社会通念のみで考えないでほしい。多文化社会を理解
してほしい

◆日本のようにスムーズに進むことは、どの領域においても少ない

駐在員をフォローする「仕組み」
定期コールはこんな人に任せよう

　海外駐在が決まると、赴任するまで多忙を極めます。ビザやワクチン接種などの渡航準備と並行して、業務の引き継ぎや転勤先業務の把握、連日連夜続く送別の宴…。しかし、いざ着任すると「去る者は日々にうとし」とばかりに、仕事上の指令以外の連絡が途絶えます。なんとなく見捨てられた感のような感情を抱き孤独にさいなまれることもあるなか、着任して数ヵ月間はメンタルの危機（p.60）、気候風土の変化から体調が本調子ではない、などの問題が発生しても、そのサインが早期にキャッチされない事態に陥りがちです。

　海外勤務者を派遣する企業には、送り出した後にフォローする「仕組み」が必要です。着任後、定期的に本社から電話をかけて本人や家族の様子を聞くのもひとつの方法です。その際、直属上司からだと仕事の話だけになりがちですから、総務や産業保健職（会社の看護師、保健師）などが適任です。「棒で叩いても平気なぐらい頑丈だから大丈夫だろう」と思える赴任者であっても、「決まり事」として全員と直接、話をしましょう。仕組みとして定期的に連絡をとっていくなかで、対処すべき事例を早期に発見し、大事に至る前の対策が可能になります。

進出初期はインフラ不備を支える

　ミャンマー進出初期の2014年時点でストレス要因としてあげられた項目を図表2-1に示しましたが、「インフラ関連」が多くを占めているのが目を引きます。なかでも「通信インフラ」「生活インフラ」が目立っています。「最後のフロンティア」と囃され報道される時点において、そうした国々はこれから発展しようとスタート地点にいるわけですから、基本的にインフラは脆弱です。インターネット回線は途切れがちで、やたらと時間がかかります。動画は期待すべくもなく、ニュースサイトは文章を読み終わった頃にやっと写真が出てくる状態です。生活インフラも老朽化して寿命がきているものをだましだまし使っているので、需要を満たせるようにはなっていないことが普通だったりします。

　たとえば途上国によくある「計画停電」は、一般市民の需要を満たせるだけの電力を発電できないことによるもので、送電がストップして部屋が真っ暗になったり冷房が切れたりが、毎日のように繰り返されます。筆者がスーダン在勤中には、気温が50℃に迫ろうかというなかで冷房がとまり、最大で20時間停電した（つまり1日4時間しか電気がこなかった）ことがありました。照明や冷房といった目につきやすいものだけでなく、冷蔵庫の温度が上がると食品が傷んだり（通電は回復し、再び冷えるので傷んでいることに気がつかない）、電力を補うために自家発電機を自宅に備えたりといった対策には高いコストがかかります。

　また、電気事情で注意のいるのが電圧変動です。通常、電圧が110Ｖなら終始110Ｖの電気が、220Ｖなら220Ｖの電気が流れてきますが、発展途上国によっては、これが一定ではありません。筆者の経験

では、スーダンでもセネガルでも、コイル式の電圧安定器を使うと、しょっちゅうコイルが作動して電圧を調整している音が聞こえていました（中国に転勤すると、この音がピタリとやんだので、インフラが一段整った場所にきたのを実感できた。もっとも、その当時の中国でも地方の電力不足は深刻な問題として議論されていた）。特に要注意なのが、停電後に復電する瞬間です。復電したときは、電圧の安定を確認してから各家庭に通電するはずですが、なぜかそうならず、復電した瞬間に（異常な高電圧が流れて）デリケートな精密機器が一瞬にして壊れるといった経験をした同僚も身近にいました。電圧安定器の支給や貸与も要検討項目です。

「最後のフロンティア」進出の初期段階には、自家発電機や変圧器のランニングコスト、食料の購送など、インフラ未整備な状況で生活していくことに対する支援が求められます。

コラム10　日本語が読みたい―書籍・雑誌の入手事情

電子書籍やインターネットが発達した現代でも、日本の大手書店は大勢の来店客でにぎわっています。紙の活字にはまだまだ根強い需要があるようです。

国境を越えたらどうなるでしょうか。途上国でも邦人数が万単位になれば、バンコクやジャカルタといった大都会には大手書店が店を構え、日本語書籍を自由に買えるようになります。しかし、こうした条件が整うまでには相当の時間がかかるのが実情です。たとえば北京では、邦人数8000人ぐらいの規模でも日本語書店はありませんでした（最大手書店の一角にごく限られた数の日本語書籍が見られたのみ）。同時期に日本人医師の常駐する病医院は複数存在していましたから、日本語書店は日本語医療機関よりもハードルが高いといえましょう。Amazon や楽天のような書籍配送サービスはといえば、番地や道路名が整っていない条件では、配達ができません。

したがって、「最後のフロンティア」への赴任にあたっては、書籍の持参、会社として書籍の購送の提供などがあれば（特に Amazon のような配送サービスのない国では）有用でしょう。

もっと利用したい文化人類学

「○○国の人は多くの場合、こんな考え方をしてこんな行動をとる。その背景にこんな宗教的・歴史的背景がある」といった文化人類学の研究成果から導かれる知見は、最後のフロンティアと呼ばれる発展途上国進出にあたって、もっと広く提供されるべきだと思います。

ミャンマー人の行動や考え方の参考となる資料は、進出初期の頃は限られていました。しかもそれは、進出がはじまる以前から関与していた学者や外交官、いわば損得抜きで入れ込んでいた「ミャンマー大好き人間」による記述ですから、「質素で控えめで正直で勤勉で盗みを働くことはなく、英語ができる大の親日家である」など、自然と好意的なコメントと、自分がどんな親切を受けたかが続きます。しかし現地で耳を傾けると「いきなり家賃を倍に引き上げると通告してきた。同意しないなら、退去してくれと血も涙もない」「会社の現地人従業員が、酒が入ったらいきなり目の前で投石の喧嘩をはじめて流血、本当に驚いた」など、見聞きしてきた記述との違いに驚いた声が目立ちました。一方で、アンケート調査でストレス要因の上位にあげられた「現地人」は、翌年には減りました。時間の経過とともに、ビジネスや生活の場で顔をあわせる現地人の「ありのままの姿」が共有され、つき合い方もしっくりしてきたということでしょう。しかし、その次の年には再び「現地人」をストレス要因としてあげる割合が増加します。進出が拡大し、海外生活初心者が増えれば、再び現地人との関係に当惑する割合も増加するのが数字にあらわれています。

現地の人間の性格や思考パターン、反応をわかりやすくビジネスパーソンに提供する仕組みがもっとあるとよいのではないでしょうか。国レベルでも求めたいところです。

現地人との距離の取り方

　発展途上国に赴任したとき、現地の人とどういうつき合いをするのか、文化的要因や社会的状況により注意点はさまざまにあります。昔からいわれているのは「政治的な話題には入らない」。これはかつて以上に重要になっています。国によっては政治的立場の違いが即、殺意に変わったりします。日本の選挙報道を見て「選挙で人が死なないのが信じられない」とコメントした人もいます。

　巷間、日本は格差社会になったといわれていますが、世界に目を向けると、国によっては社会階層、民族、来歴などにより固定した階級があり、そこのところの対応を間違えると信頼感そのものが成立しなくなることもあります。たとえばカースト制のインドで低いカーストの仕事を手伝ったり、自分でやってしまうと、翌日から使用人たちの態度が変わってしまうなどもおこりえます。

　現地の政治問題が、日本の報道、国際報道（CNN など）、現地の支配層、現地の一般庶民でとらえ方がまったく異なることも珍しくありませんので、目の前の相手はこう思っているだろうと推測するのは、やけどのもとです。たとえばミャンマーについてよく報道されるものに、ロヒンギャ問題があります。西側メディアはいずれもミャンマー政権側を非難する論陣を張り、日本のメディアもおおむねそれに倣った論調です。したがってそれらのメディアを見る限りでは、ミャンマー政府が人権を侵害し、一般庶民がそれに反発しているような印象を受けるかもしれません。だからといってビジネスパートナーに、「政府のロヒンギャ問題における人権侵害はけしからんね。ミャンマーの人々に同情します」などと言ったら大変なことになります。ロヒンギャという言葉を発する時点で嫌われるでしょうし（政府はベン

ガル系の人々が勝手に入ってきたという立場をとり、ミャンマー人と認めていない。一般庶民も、彼らはミャンマー人ではないとする立場)、まず間違いなく相手の感情を害します。

このように、われわれが接することのできる情報と、現地の実際とが異なることは珍しくはありません。日本での報道と現地の実情とのギャップは、どこの国についてもあり、理解を間違えると人間関係を壊しかねない要素は何かしらあるものです。

当面の対応としては、「政治的な話題には入らない」という古くからのアドバイスに従えばリスクは下げられます。しかし、周囲との会話が盛り上がっているときや、現地の人との人間関係が形成されるにつれ、ぽろっと話題に出てくることもあります。筆者のミャンマーでの経験でも、二度三度と会っているうちに、第三者のいない場所、たとえば車に乗せてもらっているときなどに初めて、アウンサンスーチー氏や警察の話が出てきたものです。そんなときに、どの程度までなら話題にしても無難か、そうした情報もほしいものです。

こうした文化的社会的状況について、進出企業のレベル、国のレベル等、さまざまなレベルで収集した情報を経験値として提供していけるかが、進出成功を左右するポイントにもなりえます。企業では、これまで駐在や出張した人間が経験したことを(ビジネス面に限らず、こうした文化的社会的情報こそがビジネスを進めるうえで重要と認識して)データとして蓄積し、国は文化人類学などの知見を研究者から提供してもらい、使いやすい方法で伝えていくことがのぞまれます。

赴任者は何を不安に感じているのか

　これから発展途上国に赴くにあたって、何に不安を感じているのか、それによって何をフォローし、何を提供するべきなのか。この点についての研修後アンケートの結果が、図表5-1です。筆者は、東南アジアへの赴任前研修を行なっており、参加者の赴任先はタイ、マレーシア、ベトナム、インドネシア、カンボジア、ミャンマー、ラオス、ブルネイ、台湾と、東南アジアの大部分をカバーしています。

　赴任前に不安を感じている項目は、旅行者下痢症、デング熱、食中毒が上位を占めていることからわかるように、下痢およびそれに関連する病気が、もっともおこりうる体調不良として気にされています。したがって、下痢のリスク、遭遇回数を減らす知恵が得られるように支援するとよいでしょう。具体的には、どのようなところで食べればリスクが少ないか、逆に危険な飲食物は何か。経口感染する感染症（p.88）や、回避するための合言葉 Cook it, Boil it, Peel it（p.94）は、ぜひ赴任前研修などでしっかりと教えたうえで送り出したいところです。

　デング熱をはじめとする、蚊によって媒介されるチクングニヤ熱、ジカ熱、マラリアなど（p.102〜）は、蚊に刺されない対策で共通してリスクが下げられます。虫よけ、蚊取り線香、蚊帳、長袖長ズボンなど（p.96〜）の必要性を十分に認識してもらい、蚊帳などは会社で用意して支給できたら理想的です。また、草むらから50cm以上離れること、ボウフラ対策として家庭内の花瓶などのたまり水を撤去するなどの行動面の情報も必ず提供してください。

　狂犬病は、発症してしまうときわめて高率で死に至る病ですが、ワクチンで発症を予防できます。あらかじめワクチンを接種していない

場合はもちろん、接種していても、咬まれたその日のうちにワクチンを接種する必要がありますので、「咬まれたら受診」を徹底してください。ワクチン接種に関する多くのサイトでは、あらかじめワクチンを接種しておくこと（暴露前接種）は、動物と触れ合う機会の多い場所への赴任や農村部などリスクの高い場所へ行くときに推奨され、リスクの低い都市部では咬まれてしまってからの接種（暴露後接種）を推奨と書かれていますが、赴任するメインオフィスは首都にあっても地方に出張する機会があったり、レジャー等で赴任先国内での移動が想定されるなどの場合には、暴露前接種を検討してください。国によっては、首都の総合病院にはワクチンや免疫グロブリンがあるものの、地方の在庫はまったくおぼつかないということもあります。

図表5-1　赴任中不安に思うもの（複数回答）

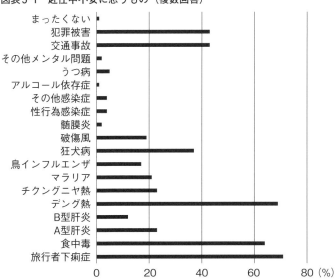

コラム11 経験者は語る「○○国との違い」

　筆者がミャンマーに赴任する前に、他の海外生活も経験しているミャンマー駐在員に、かつての任地国とミャンマーでの暮らしとの違いを聞いてみました。アンケートからは、いまいる環境に適応していれば、かつての任地との違いを日常的に意識しているわけではないので、あふれる思いが出てくる、ということはなく、先進国とは最初から違うと認識されていることが、うかがえます。一歩か二歩先を行く国との比較において、買物やインフラ、食事情などでストレスを感じやすくなるようです。

❖アメリカと比べたミャンマー

・インフラ

・先進国と途上国で比較のしようがない。「違う」という前提でいるので、ストレスを感じなかったかもしれない

❖フランスと比べたミャンマー

・アートに飢えるところではある

❖イギリスと比べたミャンマー

・自然環境が日本に近いので特にストレスを感じない

❖ベトナムと比べたミャンマー

・食事の選択肢がベトナムは多い。おいしい

・外食店や夜道が暗い（電力不足）、移動手段に欠け不便

❖カンボジアと比べたミャンマー

・ミャンマー人気質（ディスカッションできない、人前で間違いを指摘できない）

❖マレーシアと比べたミャンマー

・買物が少々不便、ほしいものがない、見つからない

❖韓国と比べたミャンマー

・先進国のほうが圧倒的に便利だが、期待値を低く持ってくればミャンマーはすごく良いところ

❖バングラデシュ、ドミニカ、パプアニューギニアと比べたミャンマー

・ミャンマーは治安も良く、外出する場所もある（娯楽もある）のでストレス度は他国に比べて低いと感じている

赴任者が知りたい情報とは

　図表5-2は、筆者が行なった海外赴任者研修のなかで、「特に役に立った／印象に残ったもの」としてあげられた項目です。前述の「不安に思うもの」を反映するように、飲食による病気、蚊が媒介する病気、狂犬病には高い関心が示されていますので、これらの情報提供は必須といえます。

　もうひとつ高い割合で選択された項目が「情報収集法」です。外務省医療情報、厚生労働省検疫所「FORTH」、アメリカのCDC、イギリスの「fit for travel」などのサイト（p.198～）を紹介し、目的地に多い病気や信頼できる医療施設、推奨される予防接種などの調べ方を提供すると喜ばれます。海外赴任中には、任国の首都から一歩も出ないことは少なく（戦乱地などの例外を除く）、出張をはじめ、プライベートでもリゾートや観光地を訪れたり周辺国に旅行したりすることが一般的です。そうしたなかで、旅行先で何に警戒すべきか、赴任前に教わった情報では足りないこともあり、自分で情報収集する必要も生まれてきます。「魚を与える」以上に「魚の釣り方を教える」ことも忘れずに伝えて送り出しましょう。

　また、研修後のアンケートでは、「もっとこれを知りたかった」と

図表5-2　研修内容で役立った／印象に残る部分（複数回答）

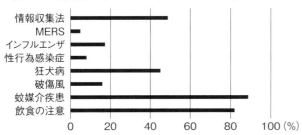

して、常備薬（日本からもってゆくべきもの／現地で購入できるもの）、日常生活の場面に対応した病気リスト（図表5-3）、慢性疾患のフォローなどがあげられています。以下の、自由記述欄に書かれた事項も、研修などを通じた情報提供に織り込んでゆくとよいでしょう。

【研修内容に対する要望、感想】（自由記述）

◆赴任国の病院の様子がわかる写真がもっとあればよりイメージしやすい

◆日本から持っていくといい薬で、おすすめがあれば、説明に追加してもらえると参考になるかもしれない

◆常備薬の現地調達はどうすればよいか

◆家のなかで気をつけること、食べるときに気をつけること（皿やコップなど）、道端で気をつけることなど、生活するうえでの動作に分類したほうがイメージしやすい

◆自分の身を守る方法、身近なものを使って防げる方法

◆肩こり、頭痛などへの対処法、海外生活での体のメンテナンスについての紹介

◆タイにもっと特化した事例（特に地方部）を紹介してほしい

◆より実践的な対処法がとても参考になった

図表5-3　生活場面ごとの感染症リスク

	疾患	コメント
飲食のとき	旅行者下痢症（p.86）／A型肝炎（p.89）／チフス、パラチフス（p.89）／赤痢（アメーバ、細菌）（p.90）	Cook it, Boil it, Peel it（p.94）
屋外活動	蚊（デング熱、チクングニヤ熱、ジカ熱）（p.102）／ダニ（ダニ媒介性脳炎、SFTS）（p.109）	長袖長ズボン／リペラント（虫よけ）／蚊取り線香
大規模集会／マスギャザリング／人混み	インフルエンザ（p.121）／麻疹、風疹（p.113、116）／髄膜炎（p.133）／MERS（p.125）	ワクチンのあるものは接種（インフルエンザ、麻疹、風疹、髄膜炎）。人混みを極力避ける

◆薬の選び方、病院に行くべき症状やタイミング、医療機関の情報が参考になった。医療機関をどのように選ぶか、日本とどう違うか、かかる際の注意も聞きたい

◆リアルな写真に訴求力があった

◆情報収集の一覧はとても参考になった。事前に情報を収集してから現地へ行きたい

◆なにごとも知らなければ予防もむずかしいので、自分から情報を収集することが大切

◆蚊の対策が具体的（スプレー、水をためないなど）で、現地でも役立てたい

コラム12　郵便物が自宅に届くのはひとにぎり

　だれかに手紙を書いてポストに投函したら、数日後には相手の手元に届いている。そんな当たり前の光景が展開する国は、実は少ないのが実情です。郵便物が自宅の郵便受けまで届く「郵便物宅配制度」が成立するためには、すべての場所に〇〇町〇番〇号と例外なく地名と番地がついていることが前提になります。宛名の文字がちゃんと読める識字者を配達員としてそろえ、配達の前には配達ルートごとに整理し並べる熟練作業も必要です。このように住居表示も、郵便当局のノウハウも整った国というのは、先進国を除けばなかなかハードルが高くなります。

　では郵便物を確実に配達できないところではどうするのでしょうか。受取人が「郵便局に取りに行く」のが一般的です。日本でいう私書箱のようなものが中央郵便局にあり、それを契約できる人はそこで受け取ります。たとえば、セネガルの日本大使館は「キング牧師通り」という住所にありますが、その表示は、もっぱら地図を頼りにやってくる人向けものです。郵便物を送りたい人は、「BP3140, Dakar」とだけ書けば中央郵便局内の私書箱に届き、それを毎日だれかが取りに行くシステムです。一般の人々はなかなか一世帯で契約する余裕もなく、共同だったり、町内でひとつということもあるようです。

　このような国では、郵便物を送ってもらうときは会社宛になり、プライバシーについては妥協しなければならないものです。筆者は、学会誌や協会のお知らせ、NGOのニューズレター、同窓会関連その他、大部分のものを職場住所で登録し、その結果、自宅よりはるかに多くの郵便物が職場に届いていました。慣れれば案外便利なものです。

◆蚊と狂犬病について詳しく知ることができた

◆シトロネラのスプレーの効き目が薄いと思っていたが、納得できた。タイガーバームもあまり効き目はないのだろうか

◆蚊対策の話が参考になった

◆ベトナムは大気汚染が深刻なのでPM2.5対策、自衛策などを知りたい

◆盛りだくさんでとてもためになった

外国人社員の日本迎え入れ
問題点と対応のヒント

　入管法改正により今後、35万人の外国人労働者増の試算が打ち出され、海外から社員を迎える会社がますます増えていきます。しかし一方で、海外支社の幹部候補生を日本の本社で一定期間勤務させたり、労働者として外国人社員を迎え入れるにあたってのノウハウが整っていないのが、日本の現状です。筆者は、外国人を雇用する事業者で嘱託産業医としてかかわっていますので、その経験から、問題点や改善のヒントを紹介します。

❖健診

　健診は労働安全衛生法で決められた項目を実施します。実施にあたっては、健診会社や健診部門をもつ病院に依頼することがほとんどかと思いますが、結果報告を日本語版でしか用意できないところが多いので、健診会社を選択する際は、外国語での結果報告ができるかを打診します。

　ただし、外国語版の結果報告の用意がある健診機関が皆無という県も少なくありません。そのような場合は、「減量しましょう」「悪玉コレステロールが高値です。食生活に注意しましょう」といった記載を外国人社員担当者が通訳、あるいは翻訳する必要があります。

❖ストレスチェック

　年に１度のストレスチェック実施が義務づけられていますが、これは健診とは異なり、本人の同意なく、その結果を会社の人間が見ることは禁じられています。したがって会社の人間が翻訳や通訳をすることは現実的ではありません。一方で、採血や診察をともなう健診とは異なり、インターネットのやりとりで完結できますので、結果報告まで含めた英語対応の可能な（遠方の）実施機関に依頼ができます。

参考までに、英語対応可能なストレスチェック実施機関を以下に例示します。高ストレス者に対する医師面談については、産業医に相談、あるいは実施機関や医師人材紹介の会社などにスポット派遣を依頼する方法もあります。

◆ 神田東クリニック https://clinic.iomhj.com/

◆ ドクタートラスト https://doctor-trust.co.jp/

❖日本特有の健診項目

　40歳以上に実施されるメタボ健診（特定健診）が、労働安全衛生法の改正で2008年から導入されました。これには、脳卒中や心筋梗塞、狭心症のような重篤な生活習慣病の発生を減らして医療費増加を抑える狙いがあり、該当年齢に達した全社員についてメタボの有無を調べるのは日本だけの発想です。また、導入当初の2008年時点では外国人労働者も多くありませんでしたから、数値も日本人を基準に考えられました。

　日本のメタボリックシンドローム判定基準の最初に、「腹囲が男性85センチ以上、女性90センチ以上」があります（メタボリックシンドロームの基準には、日本基準のほかにアメリカ基準、WHO 基準がありますが、ほとんどの健診会社は日本基準にしか対応していない）。これだけでメタボに該当するわけではありませんが、健診会社によっては「要指導」に判定されることもあります。筆者は産業医面談にきた身長2m近い大男と、一般的な日本人を対象とする数値にもとづく結果報告用紙を見比べて、ジョークを交えて対応していますが、ある程度熟練がいりますし、人数が増えると大変です。

　また、胃部検査では、国内の健診会社では二重造影法を使うことが一般的です。バリウムを飲んで右見て左見て…の検査は、海外では一律全員に行なうことはありません。筆者の外務省勤務経験でも、在外公館員の胃部検査を計画しようにも、現地の病院ではそもそも実施し

ていないことが多く、医務官泣かせの項目でした（世界的に一般的な内視鏡検査で実施したり、日本に一時帰国した際に受診したりが多かった）。

したがって、海外から迎える社員は、まず最初の健診で戸惑います。筆者の産業医先でも、Terrible experience!（もう、こりごりだ！）と正直な（？）感想を述べる人もいます。実際に胃の内部をチェックするには、内視鏡検査のほうがはっきり見え有効ですが、コスト面の検討が必要です。内視鏡で実施するか、不快な検査を我慢してもらうか、予算と健診会社と相談しながらの検討になります。

❖感染症対策

感染症対策は、「人から人へ直接感染する病気」かつ「母国に流行している病気」の２条件を満たすものが、特に重点ポイントになり、それ以外は必要以上に神経質になる必要はありません。たとえば、デング熱やジカ熱は蚊によって媒介されるもので、直接人から人へうつることはありませんから、発症した本人の受診手配以外に会社全体への影響は限定的です（ジカ熱は性交感染で人から人へ感染することはあるが、会社の安全配慮義務の範囲内では考える必要までない）。同様に、エボラ出血熱は、流行している母国はアフリカにほぼ限られます（2019年時点ではコンゴ民主共和国とウガンダのみ）から、外国人社員の健康管理で意識の必要な病気とはいえません。

では、上記２条件を満たす病気といえば、その代表格が結核（p.117）です。感染力が強く空気感染の可能性もあり、活動性結核ならば入院も必須となります。入管法改正で外国人労働者に対して来日前に母国の医療機関での結核検査を義務づけることになっており、厳格に実施されれば有効ですが、感染初期にはレントゲン検査や血液検査等でわからないこともあり、注意が必要です。長引く咳（p.134）のある場合には受診を手配してください。また、消化器感染症の症状、発熱を

ともなう下痢なども受診の手配が必要です。

❖外国語でのコミュニケーション

以下に、外国語での指導に使えるサイトを紹介します。

◆英語のサイト http://www.diabetes.org/food-and-fitness/

アメリカ糖尿病協会（American Diabetes Association）の HP の
なかで、food & fitness のページは、糖尿病に限らず生活習慣病指導
一般に有用な情報が網羅されていて有用です。

◆中国語のサイト http://www.69jk.cn/

中国健康網がほぼ全領域にわたり解説されています。生活習慣病
（高血圧、糖尿病、痛風、循環系）も網羅されています。

◆ AMDA 国際医療センターのサイト

https://www.amdamedicalcenter.com/

日本語の不自由な外国人へ医療機関の案内・医療電話通訳をしてい
ます。

コラム13	実情に追いつかない教科書 ―交通系 IC カードも存在しない

　「最後のフロンティア」への進出がはじまると、それまでほとんど関係がなかったことも
あり、未知の国である日本に対する理解が実際と著しく違っていることに気づくことも多
いようです。教科書に載っている日本の描写が「フジヤマと芸者」ということはさすがに
なくなりましたが、10年程度過去の光景が更新されずにいるようで、たとえば「電車に乗
るときは、まず券売機で紙の切符を購入する」などが紹介されています。交通系 IC カー
ドの記述もないようなことが、親日国とされるミャンマーの日本語テキストでさえも見ら
れ、日本語教師として派遣されているボランティアの若者が首をかしげていたりしました。
　ミャンマー進出では、一日の長があったのが韓国です。国策として文化輸出を推進し、
韓流ドラマやドキュメンタリーなどのコンテンツを進出初期から地元テレビ局に提供して
韓国のリアルな実情を伝えたことで、イメージアップに大いに貢献できました。日本政府
も周回遅れぐらいで動き出しましたが、これからの「最後のフロンティア」進出にあたっ
ては、官民あわせた、初期段階からの発信が必要です。

第6章

医療はこう変化する

注目されることで変わる医療事情

　発展途上国が「最後のフロンティア」と注目を集め、外からの投資を集めながら経済発展の離陸をしてゆくとき、現地の医療はどう変化していくのでしょうか。経済発展がはじまる前、一般的に「貧しい国」と認識される段階では、富裕層や外国人が入院できる施設はきわめて限られるか、ほぼないのが通常です。このような段階では現地人と同様に、地元の医療機関を受診することが多いものの、なかには病棟の一角に富裕層向けのセクションが設けられていることもあります。たとえば中国の一般病院には特需病棟、あるいは幹部病棟と呼ばれる、共産党幹部や富裕層が入院できる設備があり、外国人はそこにお世話になります。一応、個室になっていますが、スタッフは一般病棟と同じです。

　そのようななか、首都には比較的確かな知識をもった医師が何人かクリニックを開業していて、口コミで政府や NGO の関係者などが利用しています。また、アフリカの大部分や、アジアでも首都を離れた場所では、重症になると適切な医療が受けられる場所まで航空機で緊急移送されるパターンが多く、アフリカならばパリかロンドン、アジアならばバンコクやシンガポールがポピュラーです。

　現地人向けの医療機関は、受診する立場から見れば往々にして悲惨です。特に問題なのが、手術器具や内視鏡などの医療器具の清潔度（滅菌操作など）と、医療器具のメンテナンスなどソフト面です。資金がなくとも ODA などで高価な医療機器が先進国から贈られることも多く、一見立派な病院が建っていたりしますが、その設備を適切に維持するのは至難で、砂漠の微細な砂や激しい寒暖の差、湿気、パーツの入手難、スキル不足等々の理由で、オブジェと化した動かぬ CT

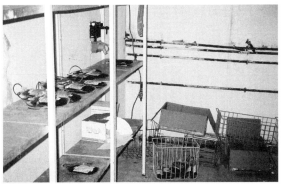

乱雑な倉庫に無造作におかれた輸血用血液。発展途上国では輸血によって（B型肝炎、C型肝炎、HIVなど）血液感染する可能性もある（セネガル）

がスペースを占拠していることもしばしばです。さすがに近年は援助においてSDGs（持続可能な開発目標）が言われるようになり、あまりにひどいケースは減ってきています。

　このような状況も、「最後のフロンティア」と報じられ注目が集まるようになると変わってきます。海外勤務者としての収入のある外国人がコンスタントに増えるにつれ、質の高い医療機関への需要と、外国人医療にノウハウをもつ供給側との共生がなり立つようになり、外資系クリニックの進出が相次ぎます。

　そのような医療機関のひとつに、世界中にネットワークをもつインターナショナルSOS、ラッフルズメディカルグループなどがあります。あるいは、メディカルツーリズムで治療を受けにくる富裕層を扱うノウハウをもつ病院が近隣国に進出したり現地病院と提携してレベルアップをはかるパターンもあり、たとえばミャンマーのパラミ総合病院内では「サミティベート」（本拠地タイ）、パンライン病院内では「シロアム」（本拠地インドネシア）といったブランドをカウンターで見ることができます（「サミティベート」「シロアム」ともに国外医療機関）。こうした業界は群雄割拠、M&Aも盛んで、いつの間にかブ

ランド名が変わっていることもありますが、それだけ経済的にもアクティブに動いていることがわかります。

　地元病院の一部でも外国人セクションを開設して日本人医療職を雇うところが見られたり、英語や日本語の情報誌に広告が掲載されるようになります。

　現地の邦人数が1万人台を超えてくると、日本国内の医師派遣業者の募集サイトにも「海外で働いてみませんか？　〇〇国のクリニック」といった募集広告が載ったり、筆者のところにもメールで案内が送られてきたりするので、ついに〇〇国もこのレベルに達したかと感慨にふけったりします。最初は科の指定がなかったり、内科だけだったりの募集が、国が発展し、内科、産婦人科、小児科、心療内科、放射線科といった科の指定つきでの募集広告が載るようになれば、現地には2桁を超える数の日本人医師が常駐し、日本と同様に専門医の診療が受けられる状況になっています。

　現在、シンガポールでは数十人の日本人医師がおり、専門科を選んで受診できる状況になっていますが、この国のほどよい狭さと日本人密度もあって成立するものともいえます。

　なお、これらの富裕層向け病院は経済の論理で動きますから、貧困国と認識されている国に入ってくることはなく、医療が二極化しているのも現実です。

ベンチにずらっと並んで点滴を受ける施設も（中国）

一等車の医療と二等車の医療

多くの先進国も含め、日本を一歩出ると、富裕層向けと一般庶民向け医療機関がはっきりと分かれているのがむしろ世界の常識です。この両者間の差が、非常に大きいのが発展途上国です。途上国の一般庶民向け医療機関では、入口を入れば押し合いへし合いの群衆がいたり、正体不明の人物が用もなく寝転んでいたりします。病室にはエアコンもなく、天井のファンが生暖かい空気をかきまわし、開け放たれた窓からは時にマラリアを媒介する蚊が自由に出入りしているというのが、かなり共通した光景です。日本人がその空間で過ごすのは勇気がいります。これに対して富裕層向け医療機関は、おおよそ日本国内の医療機関とほぼ同様に運営されています。

日本の常識と大きく異なるのは、大学病院や公立病院が、概して一般庶民向けの二等車の医療に相当することです。上等な病院を想像して行くと、おそらくは入口を一歩入ったところでその想像が正しくないことに気づくはずです。一等車の医療、すなわち富裕層向け医療は私立病院が担っています。

設備だけではなく、「医師の情熱」も大いに異なります。発展途上国において一定レベル以上の腕の良い医師は、午前中は大学病院や公立病院で、押し寄せる一般庶民を診て200ドルほどの月給をもらい、午後になると富裕層向け医療機関に赴き1日で200ドル程度を稼いだりしています。それぐらい収入が異なりますので、いきおい患者に向き合う情熱、熱心さも違ってくるのです。

したがって、特に途上国で体調不良になったときに重要なのは、「どの医療機関を受診するか」という点になります。最近は日本でもネットで病院の評判を調べてから受診する人が見受けられますが、途

上国ではその選択を間違えれば命を左右するといっても大げさではないほど、情報獲得がきわめて重要なのです。

　情報収集先としては外務省「世界の医療事情」（p.198）があげられます。各国の日本大使館に配置されている医務官が収集した現地の情報が公開されており、現地在住者の視点による信頼できる情報があります。

　また、海外旅行傷害保険と提携しているアシスタンス会社も頻繁に情報をアップデートしています。保険に加入するともらえる小冊子に掲載されている電話番号は通常、アシスタンス会社につながるようになっていますので、こちらにコンタクトして信頼できる医療機関の情報を得てください。この番号へは大病や事故など非常事態に遭遇した場合にのみかけるものと理解されている方が多いようですが、それはもったいないことで、ぜひ活用してください。

富裕層向け医療機関の病室

「最後のフロンティア」への投資の流入が進み、外国人や富裕層の数がある程度そろってくると、そうした階層を患者として期待する私立病院ができてきます。ピカピカの外装に高級ホテルかと見まごうばかりのロビー。開業にあたっては外国人向けの情報誌に広告を打ち、日本語情報誌（発刊されていれば）にも当然、豪華な写真が載ります。しかし、中身の充実やノウハウの定着までは時間がかかるので要注意です。それまでなかった場所に、医師、看護師、検査技師、放射線技師、医療通訳、臨床工学技士、リレーションスタッフ、事務職など、多くのポストを埋め込まなければなりません。すなわち、それらのスタッフをどこから調達してくるのかが大きな問題となるのです。

医師は、多くの発展途上国共通の方法が、大学や公的病院の上級医師を非常勤で招き入れるというものです。午前中は本職先で教授や部長の肩書きでゆるりと働き、午後は新設の病院で（その何倍もの給料で）モチベーション高く働くパターンが多いようです。当然、毎日フルタイムで病院にいるわけではなく、コミュニケーションできる時間も限られます。一人で何ヵ所も掛け持ちしているなら、なおさらです。その後、時間を経て病院運営が定着してくるとともに（病院のマネジメントがうまくゆけば）、部下や知人医師などを連れてきて、あるいは定年などで本職先から身を引いて専念するなどにより、スタッフは充実していくことが多いようです。したがって病院が出来立てのうちは、評判などへのアンテナを立てることが必要です。看護スタッフや清掃スタッフの作業手順は病院の清潔度や安全レベルを大いに左右します。その定着ぶりも要観察です。

❖病院のレベルを見る指標、JCI 認証

その病院で行なわれている医療の質を判断する手っ取り早い方法に「JCI (Joint Commission International) 認証」を取得しているかどうかがあります。この国際認証を取得していれば世界的に通用する、かなり安心できるレベルにあるのは間違いありません。ただし、取得している医療機関は少なく、日本全国で29ヵ所です。メディカルツーリズムで外国人患者の誘致に熱心なタイは61ヵ所が取得していますが、ミャンマー1ヵ所、カンボジア1ヵ所、ベトナム4ヵ所です。認証外でも優秀な医療機関はありますので、外務省「世界の医療事情」などを参照してください。

◆JCI 認証を取得している病院
　https://www.jointcommissioninternational.
org/about-jci/jci-accredited-organizations/

JCI 認証を取得している病院がある国

古いタイプの留学経験医師の行動パターン
学んだ知識や技術が周囲に伝わらない

　欧米先進国の医大や病院では、発展途上国から留学している医師の姿を頻繁に目にします。これだけ多くの医師が学んでいるのだから、途上国にもさまざまなノウハウが移植されて、その国の医療が発展していくことだろうと思いがちですが、実際には、知識技術は周囲に伝わっていくとは限りません。

　欧米（旧宗主国）に留学したプライド高き医師は、学んできた技術を周囲に伝えようとせずに「囲い込む」傾向が強く、「自分が学んだ知識は自分のために使うものであって、周囲の医師や看護師に伝えてやる必要はない」と考えます。周囲に知識や技術を伝えたら自分の有利な立場が危うくなる、とまで口にする医師もいました。これは、筆者がアフリカの複数の国で実際に見聞きしたものです。かくして、医師は名門オックスフォード大学留学歴を誇り、その隣で看護師は清潔操作も危うく…という光景ができ上がります。

　しかしミャンマーでは、留学帰りの医師が積極的にセミナーや講演で得てきた情報を伝える姿を筆者は目にしています。国により、また人により、さまざまなパターンがあるわけですが、概して、経済発展とともに国が上向きになると、留学の成果も還元し底上げ、レベルアップしてゆこうという動きが出てくるようです。

コラム15 学会の裏で展開される業者の売り込み

　経済発展が離陸したばかりの、コンプライアンスも未整備ななかでは、あの手この手の接待合戦が繰り広げられます。筆者は現地の教授や医師たちとのおつき合いのなかで、「接待される現地人」の側に紛れ込んだ体験があります。世界的に接待が上手な業界のひとつに製薬業界があります。多国籍企業が多いこの業界では、それぞれの国のコンプライアンス事情を研究し尽くして巧みにクリアし、愛想を振りまく人々が、接待の現場で何をどのように展開しているのでしょうか。

　研究でつき合いのある教授が招待してくれた学会で見聞きしたままを紹介します。

　昼の部は日本の学会とさして変わらぬ展開でしたが、その後、なぜか会場から車で30分もかけて五つ星の超一流ホテルに集結します。その宿泊費を宿泊予約サイトで検索してみると1泊200ドル。現地の医師の給料1ヵ月分に相当します。貸し切りになった中庭の円卓では、専属のバイオリニストが席をまわって演奏しています。宴もなかばをすぎると、業者の人が「福引」をもってきました。筆者にも引けと言うので1つとると、ニコニコマークの紙切れが出てきました。当たりくじです。同じテーブルに座っていた8人中4人が引き当てて紙袋をもらいました。「確率50%」は、当たりというより、「ばら撒く」という形容詞がふさわしいかもしれません。

　日本の製薬会社が「確率50%以上」で配るものといったら、カレンダーかボールペンくらいが相場でしょうか（それもやめることになった）。ホテルに戻り、紙袋を開けてみると、タブレット端末＋UBSメモリー＋分厚いノート＋ボールペン！　そして、医療機器会社の名が記されたキーホルダーが1つ。おそらく医者の給料1〜2ヵ月分はあろうかという品々です。これが経済発展著しい国でクライアントに自社を印象づける必要経費の相場観ということでしょう。さすがに日本では使いようのないタブレットは、地方で活動するNGOに引き取ってもらいましたが、その活動対象と、いま見てきた光景と比べながら考え込んだのでした。

学会会場の展示ブース。こんな格好
で売り込む業者たち

国外で学んだ専門家が助ける国づくり

　「最後のフロンティア」と注目される医療現場では施設も人材も大幅に足りないのが実情です。留学し先進国の医療技術を身につけても、それを活かせる現場が故国にはない。祖国に戻っても経済的に恵まれない。というわけで、帰国せずに先進国の医療人材としてそのまま残って活躍を続ける医師も多数います。政治的情勢によって、故国に戻ると迫害を受けるおそれがあるなどで、戻るに戻れないこともあります。

　軍事政権時代のミャンマーでは、いったん帰国するとパスポート更新を拒まれる可能性があるので、そのまま留学先の医療従事者として定着した医師が多く、旧宗主国イギリスにはそのような医師が地方の医療現場などで見られました。

　2014年頃からは、海外のNGOや学術団体が現地入りしてシンポジウムやセミナーを開催して知見を伝えることも増え、たとえばメンタルヘルス分野での災害後のトラウマケア、地域医療、精神療法、作業療法などの専門家たちが熱弁をふるう様子がフェイスブックなどにアップされるようになりました。これらと並行して、自由に国外に出られるようになったミャンマー人医師たちも、目覚ましい勢いで国際学会やセミナーに出かけてゆくようになります。

　それが、「最後のフロンティア」と国外から注目されるようになることで、ビジネスとして注目する製薬企業も、ボランティア精神で知見や技術をもたらしてくれる人々も増えていき、医療従事者の知識とスキルも、加速的に変わってゆくのです。

コラム16 　近くに「よくわからないお爺さん」がいたら気を使おう

　この写真に写っているのは、ミャンマーの医学部の現役教授が2人と、引退した先代教授、それぞれの教授お気に入りの中堅医師（日本でいう講師クラス）3名と筆者です。

　この席で発言が一番多くて、影響力がありそうなのはだれでしょうか？　日本の常識ならば「偏差値が高いほうの大学の現役教授」です。日本の製薬会社員なら真っ先にその人にお酒を注ぎに行きますが、ミャンマーではちょっと様相が異なります。公式立場的肩書きのうえでは現役教授が最高権力者のはずですが、その場の空気は明らかに「引退した先代教授」が最高権力者です。

　写真の場は、2ヵ月後に福岡の学会で予定されているシンポジウムの打ち合わせを兼ねていました。冒頭、日本の医療界の話などを英語で話し、それが一段落し、筆者のお相手係の先生方を除いてミャンマー語になるや、「引退した先代教授」が俄然、リーダーシップを握ります。現役教授たちは、何がしかの発言はありますが（ミャンマー語の部分はまったくわからないものの）、調子をあわせて「はい」「はい」と承っている感じです。少なくとも、何か反論している様子は見受けられません。

　方針について、かなりなところまでアドバイスしている感じを受けました。時折、私のほうを向いて英語で要点をかいつまんでくれたりもするのですが、たとえばイギリスのミャンマー人 NGO の申し出、アメリカのグループの共同研究の申し出なんて話題もそんな感じでした。つまり外国人からのアプローチも、「引退した先代教授」のコメントによって受けるか否かの空気が醸成されているようです。

　さて、これをビジネスシーンに当てはめてみましょう。あなたがミャンマー人に何らかの取引や協働を持ち掛けるとします。働き盛りの年頃の相手の肩書きを見ると最高権力者（社長、CEO、理事長など）でした。その人に一生懸命話すのは当然です。しかし、その人の近くに「よくわからないお爺さん」がいたら、そのお爺さんは、「肩書き上の最高権力者」に強い影響力を及ぼせる人かもしれません。けっして嫌われないように、同じぐらい気を使ってください。また、その場にそういう人が見当たらなくても、周囲にそっと尋ねてみるのもよいでしょう。

ディアスポラが助ける国づくり
国外に住む専門家たち

　国が貧しい、あるいは何らかの迫害を受けるおそれがあるため国外に居を定めなければならない人々がいます。こうした人々を「ディアスポラ」と呼びます。もともとはイスラエルを離れて住むユダヤ系の人々を指す言葉でしたが、現在では広範に使われています。

　そうした人々は、国外のコミュニティに溶け込んでいながら、祖国に特別な視線を向けています。一度は異国の地に骨を埋める覚悟をしつつも、政治情勢や経済情勢の好転にともない祖国と自由に行き来ができるようになったり、祖国にチャンスを見出せるようになったときは、自分のもてる技術を祖国の発展のために役立てようと考える人々も一定数います。こうしたディアスポラの存在はともすれば見過ごされがちですが、目に見えない戦力となり、経済的に離陸する「最後のフロンティア」の医療事情を予想外に加速させることもあります。

　写真右端の医師は、普段はイギリスで精神科医として働いていますが、ミャンマーの精神科医療を支援するNGOを立ち上げ、祖国の医療再建の寄付金を募り支援しています。軍事政権終了後は祖国に再々戻ってセミナーや研修を実施し、自身のスキルを伝えています。

右端はイギリス在住でミャンマーのメンタル医療に尽力する医師

コラム17 「接待される現地人」に紛れて観察してみたら

日本で接待の場があれば、接待する側の業者さんは、隣にぴったり寄り添う行動をとることが多数派でしょう。料理を皿に盛ってさっと差し出す、グラスのビールが3分の1ほど減ったら横からすっとビール瓶が伸びてくる。接待される側のテーブルに彼らの席もセッティングしてあって、なんだかんだと話しかけてきます。

ところがミャンマーでは様相が異なります。接待される側とは別のテーブルに4名で座り、（一切こちらの会話に入ってくることなく）彼らは彼らで勝手に食べています。名刺交換は熱心にやりますが、あとは別々で、会計は業者側が払っておしまいです。ここまででも十分「異文化」ですが、もらった名刺を見て、びっくりしました。接待する側は医者なのです。さらに夜になって、そのうちの美女が私のフェイスブックに友達リクエストを送ってきました。そのプロフィールを見ると、医学部卒とあり、医科大学の美しい校舎を背景に、2013年卒と書いてあります。日本なら必修化された研修医2年目のはずです。医者の基礎をつくる大事な時期に、なんで製薬会社の名刺をもって接待をやっているのか。翌日、これは一体なんなんだと教授に聞いてみました。

そこで判明した真相は、医学部卒業生に対して外資系製薬会社は「高給」を提示します。勤務医の平均的給料200ドル／月（当時）に対して、外資系製薬会社の初任給は600ドル／月相当。つまり医者になるより製薬会社に入ったほうが給料3倍（！）という現実があるのです。こうして、ミャンマー最高級の頭脳を、外資系製薬会社は彼らにとってたかだか600ドルでゲットしてしまうという現実まで見てしまいました。

「ミャンマービジネスでは、笑顔であなたにもみ手をくれている相手は、あなたより上級資格者かもしれない」が教訓として得られました。

緊急医療移送

　発展途上国の生活では、現地での治療が困難な（あるいは治療はできても、設備面や清潔度、輸血血液の質などから避けたほうがよい）状況に陥ることがあります。そのようなときに行なわれるのが緊急医療移送です。移送の選択肢にはさまざまなパターンがあり、重症度、緊急度、感染性の有無、必要な医療機器の有無、飛行距離、使える予算によって、商用機（一般の旅客機）かエアアンビュランス（専用機）か、患者単独か看護師付き添いか医師付き添いか、などが異なります。これをアシスタンス会社、保険会社、患者、家族、航空会社、現地医師、受け入れ先医師、場合によっては大使館などの協議によって判断されます。

　ただし、緊急医療移送には非常に高額な費用がかかり、数百万円から1000万円は軽く超えてしまいます。海外旅行傷害保険への十分な加入があれば、保険会社の了承のもと迅速に準備が進行しますが、それがなければ実施は困難で、蚊が入り込む手術室で、その行方を待つのみ、ということも十分に考えられます。

座席を3×3席倒してストレッチャーで移送できる設備

コラム18 想像を超える海外医療費 —海外旅行傷害保険の加入がないと…

　忘れてはならないのが海外旅行傷害保険の加入です。日本の医療費は（海外から見れば）「驚くほど」低額で、それに慣れきっている日本人にとって、海外での医療費は驚くほど高額です。国民皆保険の日本では、特段の事情がなければ実際にかかった費用の3割が本人負担です。さらに、収入によって規定される額を超えれば高額療養費制度で給付されます。これに対して、海外では当然に10割負担ですし、現地人向けの一般医療機関では清潔度・医療レベルなどの要因で、日本人がかかるには大きなハードル（清潔度が保たれていない病院では、新たな感染症に罹患するなど）があります。日本と同じ医療レベルが保たれている医療機関となれば、入院費だけで1泊7万円相当というのは珍しくなく、これに診察料、医薬品費、検査料、手術料、集中治療室料などがすべて10割負担で加わってきます。

　具体的にいくらくらい必要か、複数の保険会社サイトで公表されています。

◆ジェイアイ傷害火災保険　https://www.jihoken.co.jp/data/case.html

◆損保ジャパン日本興亜　https://www.sompo-japan-off.jp/off_insurance.html

　アメリカや、緊急移送を要するアフリカに比べて比較的リーズナブルなアジア諸国でも、インドネシア（溺死3032万円、交通事故689万円）、タイ（交通事故939万円）、ベトナム（脳血管障害923万円）、中国（骨折1076万円、交通事故666万円）です。

　こうした額を支払うめどがあるかが医療機関の窓口で「査定」され、払えると判定されなければ門前払いとなり、一般庶民向けの医療機関に行くしかありません（その場合は付き添いが必須）。「帰国してから払います」は通用しません。そこで威力を発揮するのが、保険に入っているという事実です。保険会社に連絡ができれば（ホットラインの電話番号、加入者証はコピーして複数個所に入れておく。スマートフォンにも登録、入力しておく）、保険会社から現地アシスタンス会社を通じて「支払い保証」が入り、それが支払い能力の証明となります。この支払い保証が素早く入らなければ、クレジットカードの認証（ある程度の限度額設定が必要）、窓口に札束を積み上げる（保証金の入金）などの手続きに時間を要しかねません。緊急移送が必要な場合には手配も遅れ、航空便数が少なければ丸一日、医療先進地への到着が遅れてしまいます（たとえばセネガルからフランス行きは1日1便）。誇張なく運命の分かれ目になってしまいます。

MEDIFフォーム

　何らかの病気や外傷を抱えた状態で航空機に乗る場合は、医師の診断書が必要です。航空会社が指定する診断書は、MEDIF フォームと呼ばれる、IATA（国際航空運送協会）統一様式で、同協会 HP で見ることができます。日本の航空会社 HP にもアップされているものがあります。

◆ IATA（国際航空運送協会）MEDIF フォーム

https://www.enterair.pl/uploads/Formularz%20MEDIF%20Enter%20Air%20ang.pdf#search='IATA+medif

◆診断書・同意書（日本航空）

https://www.jal.co.jp/jalpri_us/illness/certificate.html

◆診断書（ANA ホールディングス）

https://www.ana.co.jp/ja/jp/serviceinfo/share/assist/other/medical-info.html

必要とされる地域に自ら赴く専門家
サテライトクリニックの試み

　トリートメントギャップ（treatment gap；治療ギャップ）という
言葉があります。治療を必要とするのに治療が受けられない人の割合
をあらわしており、トリートメントギャップ90％というのは、ある
病気で治療を要する患者さんの90％が医療の恩恵に浴せないことを
意味します。

　ミャンマーのメンタルヘルス分野は現在、そのような状況にありま
す。急性期・慢性期から触法患者（精神状態から殺人などの法に触れ
る行為を犯してしまった患者）を扱う司法精神科病棟・依存症まであ
らゆる分野を網羅する総合精神科病院はヤンゴンとマンダレーの２ヵ
所（このほかに軍病院内）に存在し、そこではきちんとした医療が行
なわれていますが、そこで治療を受けられるのは、本当にメンタル医
療を必要とする者の１割程度にとどまります。大多数は放置に近い状
態で、そのような状況にあることは、専門家の間でも認識されていま
す。

ヤンゴンで開催された学会風景。廊下にたむろする人はおらず、きわめて
熱心。左端は筆者

そこで、ミャンマーの医師たちはサテライトクリニックの試みをはじめました。病院から離れた保健所や集会所に医師たちが基本的な医薬品を手に定期的に赴き診療を施しています。ただし、その医薬品代を含めた資金は十分ではなく、医師たち自身がドネーション（寄贈）して賄っています。このような活動も、現場の医師の技量底上げにつながってゆくようです。

識字率の限定的な国では、説明用のアートが医療機関に掲げられている（カメルーン）

第**7**章
情報収集の仕方

世界の医療事情の集め方
情報収集に役立つサイト

　海外に社員を派遣するにあたり、その国の情報をあわせて伝えること、あるいは情報の収集法を教えることが死活的に重要になるのが発展途上国です。途上国では、外国人が受診する医療機関では清潔水準が一定程度保たれていますが、一般庶民用の医療機関は埃っぽい環境のなかで受付は長蛇の列、咳や嘔吐をする受診者とベッドを隔てるカーテンもなく、感染管理も適切になされていないことがしばしばです。

　また、これから渡航する先にどのような病気があり、どのような予防策が必要か、そのひとつの知識が運命の分かれ道ということもあります。そうした現地の病気、どの地方には何があるのか、必要な予防接種、予防のためにとるべきアクション、受診するに適した医療機関などの情報が収集できるサイトや、海外派遣企業の総務人事関係者・海外赴任者が幅広く使えるサイトを紹介します。

❖外務省「世界の医療事情」

　発展途上国を中心に世界中の日本大使館に配置されている外交官ドクター（外務省医務官）が現地で集めた情報がアップされているサイトです（https://www.mofa.go.jp/mofaj/toko/medi/index.html ）。国ごとに現地の病気、予防法、予防接種、信頼できる医療機関、症状を訴える現地語などの情報が整理されています。

❖厚生労働省検疫所「FORTH」

　検疫所が公表している海外渡航者向けサイトです（https://www.forth.go.jp/index.html）。冒頭に表示される世界地図で目的国をクリックすると、現地の病気や推奨される予防接種などの情報が表示されます。感染症発生状況も迅速に提供されます。渡航ワクチン（予防接種）

については、地域ごとに推奨がまとめられているページが、わかりや
すく有用です（https://www.forth.go.jp/useful/vaccination.html）。

❖ CDC「Travelers' Health」

　アメリカの疾病管理予防センターCDC の渡航者向けサイトです
（https://wwwnc.cdc.gov/travel）。For travelers のところから目的国
を選択します。日本のサイトに載っていないマイナーな国についても
情報がアップされているほか、免疫不全者・長期滞在・妊婦など特殊
な状態についても情報が得られます。

　なお、英語が苦手という場合もあるかと思います。最近では
google 翻訳の改良が進み、病名などもかなり正確に訳されるように
なってきていますので利用するとよいでしょう。

❖ NHS「fit for travel」

　イギリスの医療システム NHS が運営する渡航者向けサイトです

（https://www.fitfortravel.nhs.uk/home）。植民地経営の長い歴史の
あるこの国では、発展途上国に渡航する自国民に対する情報提供の経
験も蓄積されており、充実したサイトがあります。特に malaria map
という、マラリア分布を示す地図では、流行国のなかでも特に危険な
地域はどこか、ほとんど心配のない地域はどこかが色分けされていま
す。このようにきめ細かくわかるのは、日本のサイトにはない利点で
す。Destinations をクリックし、国名を選択すると目的国の情報が得
られます。病気や予防法の知識も豊富に含まれています。

メンタルヘルスに有用なサイト

❖ Group With

海外駐在員の配偶者として海外赴任した経験者グループが運営するサイトです（https://www.groupwith.info/soudan）。日本語で診療やカウンセリングが受けられる施設の一覧（「こころの相談機関」をクリック）が特に有用です。海外生活から日本に戻ってきた帰国子女が相談できる機関のリストもあります。

❖こころの耳

海外赴任に特化したものではありませんが、職場のメンタルヘルスについて幅広く情報提供する厚生労働省のサイトで、自分自身によるケア（メンタルヘルスのセルフケア）や e-learning のコンテンツも充実しています（http://kokoro.mhlw.go.jp/）。

産業医や産業保健職向けサイト

❖ ProMED

国際感染症学会が運営する感染症情報サイトです（http://www.promedmail.org/）。左側の窓に、いまホットな感染症がアップされるので、「いま、どの国で何が問題になっているのか」が把握できます。

❖ CIDRAP

アメリカのミネソタ大学が運営する国際感染症情報サイトです（http://www.cidrap.umn.edu/）。そのときどきの話題の感染症情報を中心に発信しています。

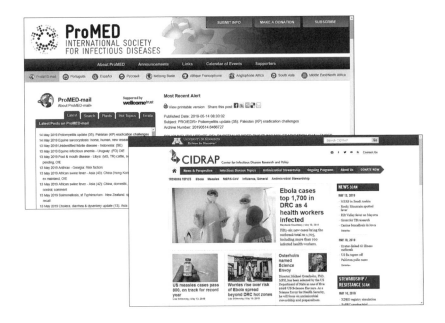

海外で入手できる医薬品リスト

　日本で服用していた薬が赴任先や出張先で入手可能かどうか、また入手できる場合にはその商品名が検索できるサイトです。まず日本で服用中の薬の説明書や一般名をネットで検索し（たとえばABCと言う商品名の薬なら「ABC　一般名」で検索できる）、それを以下のサイトにペーストします。

❖ MIMS

　アジア諸国での商品名が検索できます（https://www.mims.com/）無料の会員登録が必要です。

❖ VIDAL

　フランス語圏での商品名が検索できます（https://www.vidal.fr/）。

あとがき

　かれこれ20年近く前、北京に勤務しつつ、巡回検診で定期的に訪れていた重慶の街でのこと。医療相談に来られた相談者が、「自分が海外勤務をすることなど考えたこともなかったが、日本で経営していた部品工場が、海外に出なければ立ち行かなくなった」と話をされました。その時点において筆者は約10年間、アフリカや欧州を中心に勤務してきましたが、その間に見聞きしたものと根本的に異なる何かがおこりはじめていることを実感しました。

　現在、バンコクには日本のメイド喫茶が進出し、ヤンゴンでは空港の建物を出る前から会計事務所の日本語看板が目に飛び込むほどに、大企業も従業員数10人未満のビジネスも、当たり前のようにたくましく共存しています。それは、「海外在留邦人数の推移（131万⇒133万⇒135万⇒139万人）」「外国人労働者数増加の政府試算（35万人の増加）」などにもあらわれており、腰をすえた長期滞在を前提に国境を越える人々の奔流が実感されます。

　これから先、海外生活ビギナーが発展途上国に進出してゆく潮流が激しさを増すなかで、海外勤務者本人や、本社で彼らを支える人々には何を伝えてゆけばよいのか。それを明らかにしたいという思いが、猛烈なスピードで変化する「最後のフロンティア」を定点調査する現地研究プロジェクトにつながりました。準備段階を含めた8年間の観察で得られた調査結果と、筆者が外務省勤務時代に目にしてきた情報がひとつになり今回、このような形でみなさまに提供できる運びとなったことは、大きな喜びです。

　研究の実施段階から本書として実を結ぶまでに、さまざまな方からたくさんの刺激と数多くの情報をいただきました。日本人会、進出企

業、日本大使館、JETRO、JICA、ミャンマー人医師たち、日本語学校のみなさん、そして経団連出版のみなさん、家族に心よりの感謝を捧げたいと思います。

　ところで、ミャンマーに通ううち、ご縁をいただいた日本語学校はいつしか増設して倍の規模になり、地元の若き力が日本をめざすべく、ヤンゴン国際空港を飛び立つ飛行機のミャンマー人乗客率も明らかに増えています。2019年には入国管理法が改正され、外国人労働者は今後、最大で35万人増加するという試算も示されています。それにともない、日本国内では彼らを支える立場になる企業関係者が増えてゆくことは確実です。そうした場面にお役に立てるものを、次なる研究テーマとして考えています。ご意見などを賜れれば幸いです。

◆連絡先［関西福祉大学 勝田吉彰研究室］myanmar@zaz.att.ne.jp
◆ミャンマーよもやま情報局　http://www.myanmarinfo.jp
　ミャンマーで見聞きした、やわらかい話をブログにて発信
◆新型インフルエンザ・ウォッチング日記〜渡航医学のブログ
　https://blog.goo.ne.jp/tabibito12
　渡航医学関連の最新情報を、ブログにて配信

◆本書執筆のもととなる研究は、日本学術振興会の科学研究費（課題番号15K09877）を得て実施しています

2019年11月
勝田吉彰

勝田吉彰（かつだ・よしあき）

川崎医科大学大学院修了。1994年外務省入省。スーダン、フランス、セネガル、中華人民共和国などの日本国大使館の書記官兼医務官、参事官兼医務官などを経て2006年近畿医療福祉大学（現神戸医療福祉大学）教授。2012年より関西福祉大学社会福祉学部社会福祉学科・大学院社会福祉学研究科教授。医学博士。専門は渡航医学、メンタルヘルス。著書『パンデミック症候群―国境を越える処方箋』『ドクトル外交官世界を診る』ほか。資格：労働衛生コンサルタント、日本医師会認定産業医、日本渡航医学会認定医療職、精神保健指定医、日本精神神経学会専門医・指導医

「途上国」進出の処方箋
―医療、メンタルヘルス・感染症対策

著者◆
勝田吉彰

発行◆2020年1月1日　第1刷

発行者◆
讃井暢子

発行所◆
経団連出版

〒100-8187 東京都千代田区大手町1-3-2
経団連事業サービス
URL◆ http://www.keidanren-jigyoservice.or.jp
電話◆［編集］03-6741-0045 ［販売］03-6741-0043

印刷所◆平河工業社